GERENCIAMENTO DE PROJETOS
e o Fator Humano

CONQUISTANDO RESULTADOS
ATRAVÉS DAS PESSOAS

Paul Campbell Dinsmore
Fernando Henrique da Silveira Neto

GERENCIAMENTO DE PROJETOS

e o Fator Humano

CONQUISTANDO RESULTADOS
ATRAVÉS DAS PESSOAS

QUALITYMARK

Copyright© 2012 by Paul Campbell Dinsmore e Fernando Henrique da Silveira Neto

Todos os direitos desta edição reservados à Qualitymark Editora Ltda.
É proibida a duplicação ou reprodução deste volume, ou parte do mesmo, sob qualquer meio, sem autorização expressa da Editora.

Direção Editorial	Produção Editorial
SAIDUL RAHMAN MAHOMED editor@qualitymark.com.br	EQUIPE QUALITYMARK

Capa	Editoração Eletrônica
WILSON COTRIM	EDEL

1ª Edição: 2006	2ª Edição: 2011
1ª Reimpressão: 2007	1ª Reimpressão: 2012

CIP-Brasil. Catalogação na fonte
Sindicato Nacional dos Editores de Livros, RJ

D615g

Dinsmore, Paul Campbell, 1941 –
    Gerenciamento de projetos e o fator humano: conquistando resultados através das pessoas/ Paul Campbell Dinsmore e Fernando Henrique da Silveira Neto. – Rio de Janeiro: Qualitymark Editora, 2012.

    Baseado na obra: Human factors in project management

    Anexo
    Inclui bibliografia
    ISBN 978-85-7303-991-7

    1. Administração de projetos. 2. Administração de pessoal. I. Silveira Neto, Fernando Henrique da. II. Título.

05-3542   CDD: 658.404
     CDU: 65.012

2012
IMPRESSO NO BRASIL

Qualitymark Editora Ltda.
Rua Teixeira Júnior, 441 - São Cristóvão
20921-405 – Rio de Janeiro – RJ
Tel: (21) 3295-9800 ou 3094-8400

QualityPhone: 0800-0263311
www.qualitymark.com.br
E-mail: quality@qualitymark.com.br
Fax: (21) 3295-9824

Outras Obras dos Autores

- **Paul Campbell Dinsmore**

    - *Gerenciamento de Projetos: Como Gerenciar seu Projeto com Qualidade, dentro do Prazo e Custos Previstos* (Qualitymark, Rio de Janeiro, 2010, 5ª reimpressão) com Fernando Henrique da Silveira Neto.

    - *Creating The Project Office – A Manager's Guide to Leading Organizational Change* (Jossey Bass, San Francisco, 2003) com Englund e Graham.

    - *Como se Tornar um Profissional em Gerenciamento de Projetos*, com Adriane Cavalieri (Qualitymark, Rio de Janeiro, 2011, 4ª edição).

    - *TER – Transformando Estratégias Empresariais em Resultados Através de Gerência por Projetos* (Qualitymark, Rio de Janeiro, 2010, 2ª edição).

    - *Winning in Business with Enterprise Project Management* (Amacom, NY, 1998).

    - *The AMA Handbook of Project Management* (Amacom, NY, 2010, 3ª edição).

    - *Poder e Influência Gerencial – Além da Autoridade Formal* (COP Ed., Rio de Janeiro, 1989).

    - *Human Factors in Project Management*, Second Edition (Amacom, NY, 1990, 1984).

Fernando Henrique da Silveira Neto

– *Gerenciamento das Comunicações em Projetos* (FGV Editora, 2010) com Lúcio Edi, Chaves, Fernando Henrique da Silveira Neto, Gerson Pech, Margareth F. S. Carneiro.

– *Gerenciamento de Projetos: Como Gerenciar seu Projeto com Qualidade, dentro dos Prazos e Custos Previstos* (Qualitymark, Rio de Janeiro, 2010, 5ª reimpressão) com Paul Campbell Dinsmore.

– *Ganhe Tempo Planejando: seu Dia Pode Render Mais* (Ed. Gente, São Paulo, 2003).

– *Outra Reunião?* (COP Ed., Rio de Janeiro, 2001).

– *O Gerente de Informática: Além do CPD* (COP Ed., Rio de Janeiro, 1989).

Prefácio da Segunda Edição

Mesmo com a evolução contínua de metodologias e tecnologias que suportam o gerenciamento de projetos, não há como criar processos que automatizem a condução de projetos. As técnicas do bom planejamento contribuem para facilitar o gerenciamento. Outrossim, os softwares de controle, de avaliação de riscos e de administração de documentos minimizam a probabilidade de erros e aumentam a produtividade. Estas contribuições de natureza técnica são substanciais e agregam valor para todo o projeto.

Mas o fator humano continua sendo o ponto preponderante quando se trata de gerenciar projetos. Isto, claro, resulta do fato de projetos serem produtos de pessoas que interagem das mais variadas formas durante as fases de concepção, planejamento, implementação e finalização. E as pessoas possuem características, particularidades e comportamentos que só podem ser interpretados e geridos por pessoas. As ambiguidades inerentes ao ser humano, bem como sua formação psíquica e seu estilo profissional são apenas algumas dessas características. O impacto destes fatores depende da sua filtragem pelos envolvidos no projeto, bem como das ações subsequentes.

Por isto resolvemos acrescentar um capítulo sobre a gestão dos stakeholders, ou "partes interessadas". Este texto apresenta uma forma estruturada para lidar com o aspecto fundamentalmente comportamental. São levadas em conta as peculiaridades destas partes interessadas, visando mitigar os efeitos negativos do humano e aproveitar os aspectos sinérgicos que as pessoas possuem quando bem gerenciadas.

As habilidades necessárias para lidar inteligente e eficazmente com os *stakeholders* são abordadas nos capítulos anteriores. É importante encarar a gestão das partes interessadas como fator-chave de sucesso no gerenciamento de projetos. Lembre-se: o projeto bem-sucedido depende da gestão proativa e consciente do todas as partes interessadas no projeto.

Os Autores

Prefácio da Primeira Edição

O livro pioneiro *Human Factors in Project Management*, de Paul Dinsmore, teve sua primeira edição publicada em 1984 e reeditada em nova versão em 1990 pela Amacom nos Estados Unidos. Parte do texto foi posteriormente incorporado em outro livro da editora, *The AMA Handbook of Project Management*, do mesmo autor, e de lá para cá tem havido interesse cada vez maior pelos aspectos humanos no mundo de projetos.

Gerenciamento de Projetos e o Fator Humano se baseia em parte no livro original, mas conta também com um texto de um livro anterior, *Gerência de Programas e Projetos*, também de autoria de Paul. Há também a inserção do assunto *reuniões* aproveitando a vivência e textos publicados por Fernando Henrique da Silveira Neto no seu livro *Outra Reunião?* de 1988. Além de contar com estas fontes consagradas, o texto foi reescrito e atualizado levando em conta as evoluções no campo comportamental em ambientes de projetos.

Este livro se soma e complementa nossa outra obra de abordagem mais técnica, *Gerenciamento de Projetos: como Gerenciar seu Projeto com Qualidade, Dentro do Prazo e Custos Previstos*, que trata dos fundamentos – os conceitos básicos e as ferramentas – de como completar projetos dentro dos parâmetros desejados. A união dos dois textos permite ao profissional conhecer e dosar as iniciativas técnicas e comportamentais que se aplicam a cada situação.

Um dos alvos deste livro é o público com experiência em gerenciar projetos. São profissionais de áreas como tecnologia da informação, engenharia e construção, marketing, qualidade e lançamento de novos produtos. Mas profissionais com pouca experiência em projetos também podem se beneficiar do texto, aprendendo a levar em conta aspectos comportamentais que estão presentes em todos os projetos. Executivos, gerentes e profissionais muito experientes também se beneficiarão, pois este livro aponta soluções para muitos problemas que vêm dando dor de cabeça na implementação de projetos.

Vale lembrar que os princípios aqui explanados vão muito além da aplicação exclusiva no gerenciamento de projetos isolados. Desafios no campo humano também existem no mundo de múltiplos projetos, no ambiente do *Project Office* e na interface entre o gerenciamento do projeto e a alta administração.

Alguns dos assuntos tratados no livro são: os personagens principais em projetos, trabalho em equipe e integração, liderança, o uso do tempo e condução de reuniões. Além destes, são apresentadas técnicas para se lidar com conflitos e questões de poder e influência. Negociação, comunicação e tomada de decisão também são apresentadas.

E os autores fazem um agradecimento especial a Francisco Bittencourt, que atualizou e enriqueceu com sua grande experiência tanto acadêmica como executiva o capítulo sobre o comportamento humano visto pelos especialistas.

■ Por que ler este livro?

Se, como dizem, 50% dos desafios que se apresentam em projetos são de natureza comportamental, este livro trata da metade das respostas necessárias para bem conduzir projetos. *Gerenciamento de Projetos e o Fator Humano: Conquistando Resultados Através das Pessoas* é um livro que enfoca os importantes aspectos humanos dentro do contexto de projetos nos dias de hoje.

O leitor portanto se beneficiará de várias maneiras, pois:

- Aprenderá soluções para desafios de natureza humana
- Aumentará sua capacidade de gerenciar projetos eficazmente
- Relacionar-se-á melhor com os outros, assim minimizando conflitos
- Aprenderá a criar sinergia de equipes
- Será percebido por chefias e colegas como profissional mais habilidoso
- Ficará conhecendo o material sobre a parte que aborda *recursos humanos* da prova para certificação profissional internacional do tipo oferecida pelo PMI – Project Management Institute, faltando apenas estudo complementar.

É com muita satisfação que apresentamos uma obra que complementa conceitos e ferramentas técnicas, pois reforça e destaca o papel das pessoas na condução de projetos de qualquer natureza. Temos certeza de que o leitor compreenderá os enormes benefícios de saber lidar com sua equipe e todos os colaboradores ao gerenciar projetos, garantindo assim alcançar os resultados desejados.

Paul Campbell Dinsmore
Fernando Henrique da Silveira Neto

Apresentação

Como executivo de RH em empresas cujas resultados dependem fundamentalmente da implementação de projetos, venho percebendo o papel crítico desempenhado pelos aspectos humanos no gerenciamento de projetos. Independentemente da natureza dos projetos, sejam de construção e engenharia, de mudança organizacional, de melhoria contínua, de tecnologia da informação, a influência dos fatores humanos é enorme. Torna-se necessário, portanto, no desenvolvimento dos profissionais da área, agregar às técnicas, ferramentas e metodologias de gestão de projetos, outras habilidades na linha comportamental, política e psicológica.

Apesar de haver alguma consciência na comunidade sobre o assunto desde a década de 1980 (o livro de Paul Dinsmore, *Human Factors in Project Management*, publicado pela Amacom, é de 1983), o reconhecimento da necessidade de investir em profissionais de projetos de forma mais holística vem se acentuando a partir do ano 2000. Atualmente, muitos *experts* internacionais fazem questão de dar ênfase ao lado "soft" de projetos.

Em entrevista à revista *Mundo PM* (nº 3), o palestrante e autor Harold Kerzner reforçou a importância desses fatores quando respondeu a uma pergunta formulada por Paul. Eis a pergunta com a resposta:

Dinsmore: *As principais causas para fracassos em projetos são as mesmas de 15 anos atrás? Quais são as atuais? Como diferem do passado?*

Kerzner: *Se voltássemos 15 ou mais anos atrás, colocaríamos a culpa, por todas as falhas, ao pobre planejamento, cronograma e controle de custo. Hoje, minha crença é que a maioria das falhas é resultado mais dos fatores compor-*

tamentais do que fatores quantitativos. Isso inclui questões como baixa moral, fraco trabalho em equipe, falta de comunicação efetiva, baixa motivação e trabalhar para um gerente de projeto que não tem interesse em crescer, prezar pela saúde e bem-estar da equipe.

Este livro de Paul Campbell Dinsmore e Fernando Henrique da Silveira Neto apresenta exatamente o conteúdo complementar tão necessário para garantir o sucesso na gestão de projetos. Trata-se de temas como trabalho em equipe, comunicação, negociação, administração de conflitos, administração do tempo gerencial, tomada de decisão, além de tópicos clássicos como organização, planejamento e papéis e responsabilidades. E estes assuntos são coerentes com os conceitos básicos do gerenciamento por projetos prescritos pelo Project Management Institute no seu guia internacionalmente reconhecido o *PMBOK Guide*.

O livro é de particular valor para a equipe que atua diretamente em projetos (gerente de projetos, sponsor, e membros da equipe), mas também é de grande relevância para profissionais de RH, consultores, treinadores e acadêmicos. O livro oferece uma contribuição essencial à literatura brasileira sobre projetos, e agrega informações valiosas que podem proporcionar saltos quânticos nos índices de sucesso na implementação de projetos.

Fernando Carvalho Lima
Diretor de Desenvolvimento Humano e Organizacional e Escritório de Projetos da Votorantim Cimentos Ltda.
Vice-Presidente de Tecnologia da ABRH – Associação Brasileira de RH

Sumário

Capítulo 1	Por que este livro e como lê-lo,	1
Capítulo 2	O gerente de projetos e outros personagens,	17
Capítulo 3	Organizando para gerenciar projetos,	33
Capítulo 4	Planejamento e estratégia,	45
Capítulo 5	Trabalhando as interfaces dos projetos,	55
Capítulo 6	Utilizando o tempo gerencial,	65
Capítulo 7	Comunicação como chave da integração,	75
Capítulo 8	Tomada de decisão e solução de problemas,	87
Capítulo 9	Como lidar com conflito em projetos,	93
Capitulo 10	Poder, política e influência em projetos,	107
Capítulo 11	Construindo e integrando a equipe,	115
Capítulo 12	Negociações bem-sucedidas em projetos,	127
Capítulo 13	Reuniões eficazes,	137
Capítulo 14	Desenvolvendo um programa para aplicar os princípios,	147
Capítulo 15	Por que e como administrar os stakeholders do projeto,	151
Anexo 1	Uma visão clássica de gerenciamento de projetos,	157
Anexo 2	O comportamento humano visto pelos especialistas,	173

Capítulo 1

Por que este Livro e como Lê-lo

➤ Problemas das pessoas e suas soluções

"Quais são os problemas típicos que você enfrenta ao gerenciar seus projetos?"

Esta é uma pergunta que Paul Dinsmore sempre faz quando conduz seminários internacionais de gerenciamento de projeto. Num *brainstorming* de poucos minutos de duração os participantes geram cerca de 60 problemas que contaminam seus projetos. Por exemplo: conflitos, atrasos na programação, prioridades conflitantes, interface com o cliente, recursos insuficientes, indecisão, atropelamentos de custos, especificações inadequadas e comunicação ineficaz.

Todos esses problemas podem igualmente ser evitados ou resolvidos aplicando-se princípios sólidos de gerenciamento de projetos. Desses problemas gerenciais, alguns são mais de natureza técnica, enquanto outros têm um forte toque de comportamento humano, e um grande número deles possui tanto os componentes técnicos quanto os comportamentais. Nos seminários, peço aos participantes para classificar cada problema com um T para técnico, um C para comportamental, ou um TC quando ambos os fatores estão presentes. Invariavelmente, o resultado final do grupo mostra que pelo menos 50 por cento dos problemas que existem em projetos são, total ou parcialmente, comportamentais por natureza. A percentagem já atingiu 75 por cento em alguns grupos.

A resposta é previsível, uma vez que as pessoas são a causa de tudo que acontece nos projetos. Elas coordenam, gerenciam, delegam, desempenham, processam, decidem, aprovam, resolvem problemas e executam todas as atividades de assistência, persuadindo ou complicando os projetos ao longo dos seus cursos previstos. Se as pessoas cometem erros, o problema surge logo a seguir. Se a competência técnica ou gerencial está abaixo da média, as dificuldades aumentam. Se as pessoas falham em agir, acompanhar, tomar decisões, analisar ou avaliar, os projetos desviam-se do seu curso.

As pessoas estão no centro dos projetos em todos os tipos de indústrias, incluindo defesa, informática, serviços, engenharia, arquitetura, telecomunicações, eletrônica e utilidades públicas. Projetos tais como eleições presidenciais ou mudanças organizacionais nas empresas e campanhas de propaganda igualmente dependem dos fatores humanos para obter sucesso. Os projetos são contínuos na maioria das indústrias e negócios, uma vez que um projeto encerra qualquer agrupamento de tarefas que tenha fixado metas a serem atingidas durante um período finito. Não importa qual seja a indústria ou tipo de projeto, os problemas ocorrem ou porque as pessoas fazem com que eles ocorram ou porque não agem para evitar que eles ocorram.

Este livro apresenta os "porquês" dos problemas nos projetos e mostra rotas de "como agir" para gerenciar projetos utilizando os recursos humanos. Duas premissas compõem o fundamento desse "lado humano" do gerenciamento de projeto:

- As pessoas são a causa dos problemas dos projetos.
- Os problemas dos projetos somente podem ser resolvidos pelas pessoas.

Se boa parte dos problemas dos projetos está relacionada ao comportamento humano, então uma parte proporcional da atenção gerencial deve se orientar para esses problemas. Isto levanta alguns questionamentos. Por exemplo, quem deveria dedicar esforços para gerenciar o fator humano nos projetos? E quais campos de conhecimento precisam ser enfocados a fim de gerenciar o elemento humano nos projetos? Uma resposta resumida para essas perguntas está neste capítulo, e o restante do livro oferece respostas mais detalhadas. A Figura 1.1 mostra as habilidades comportamentais ligadas à boa gestão de projetos.

➢ Fundamentos do gerenciamento de projetos

A abordagem dos fatores humanos no gerenciamento de projeto requer uma base sólida. Essa base consiste nos princípios clássicos usados para organizar e dimensionar o trabalho em um projeto qualquer. O Anexo 1 esboça e resume estes princípios. Este anexo apresenta a visão clássica de gerenciamento de projetos. Se você quiser rever os fundamentos – ou se você é novo na

POR QUE ESTE LIVRO E COMO LÊ-LO

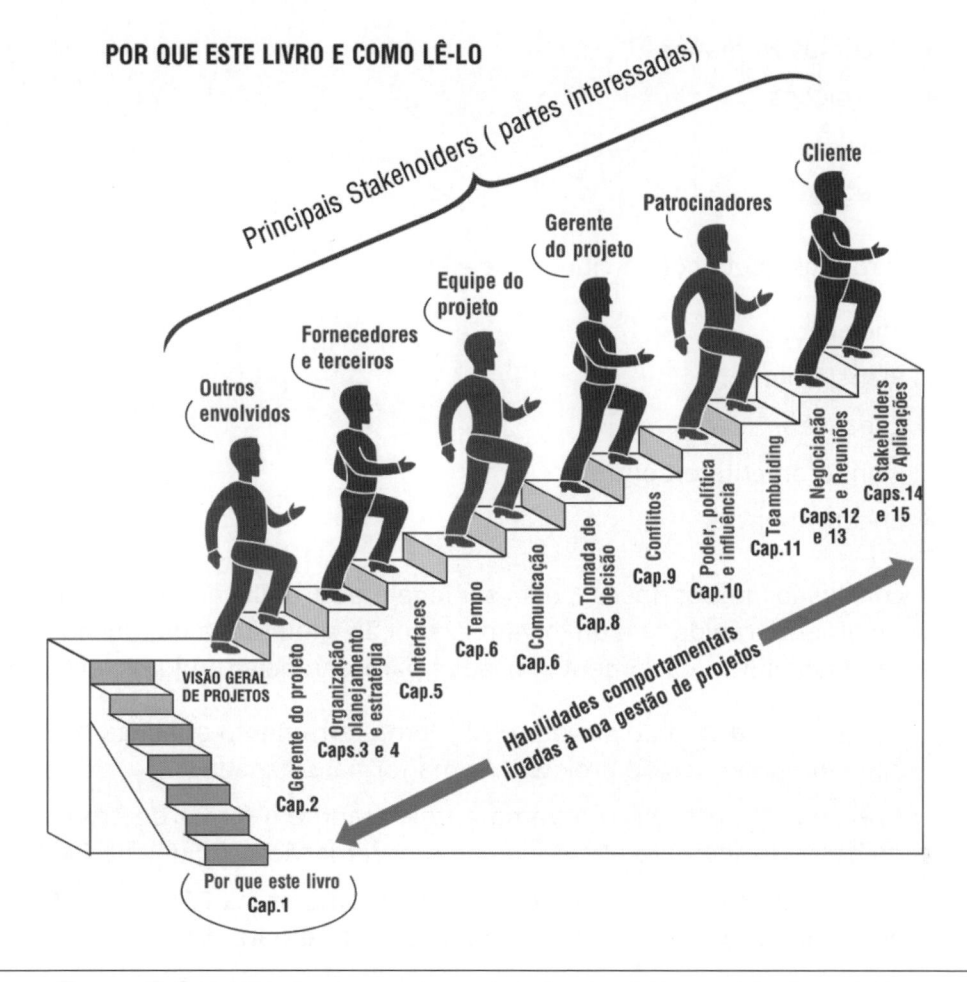

FIGURA 1.1 Habilidades comportamentais ligadas à boa gestão de projetos

área de projetos, leia-o com atenção e entenda os fundamentos básicos. Mas se você já conhece o assunto e prefere concentrar-se no lado humano de gerenciar projetos, folheie este capítulo ou vá direto para o Capítulo 2.

Eis alguns dos destaques:

A experiência em gerenciamento de projeto pode ser dividida em nove áreas de conhecimento:

- Escopo.
- Tempo.
- Custo.
- Qualidade.
- Comunicação.

- Recursos Humanos.
- Aquisições.
- Risco.
- Integração.

Os projetos obedecem a cinco processos:

- Iniciação.
- Planejamento.
- Execução.
- Monitoramento e Controle.
- Encerramento.

A conclusão dessas fases pode ser acelerada utilizando-se técnicas de acompanhamento rápido que envolvam execução simultânea ou atividades superpostas. Alguns dos instrumentos usados para gerenciar projetos incluem:

- *Estrutura analítica do projeto* (EAP): uma ferramenta analítica para lidar com componentes de projeto de uma forma ordenada.
- *Gráfico de Gantt*: um programa apresentado em forma de cronograma de barra, usado para atividades de programação definidas na EAP.
- *Sistema de controle de custos*: baseado também na EAP, utilizado para detectar variações nas estimativas de custo e para projetar tendências futuras.
- *Cronograma de marcos*: resumo das principais atividades críticas necessárias para completar o projeto.
- *Curva S*: técnica gráfica para controlar progresso e produtividades gerais do projeto.
- *Rede do caminho crítico*: sistema para calcular atividades críticas e para fornecer resultados gráficos necessários para programar e controlar o projeto.

➢ Os jogadores: o gerente de projeto e os intervenientes

Assim como nos esportes, são necessárias pessoas nos mais diferentes papéis para tornar os projetos vencedores. As equipes profissionais de esporte, seja no futebol, voleibol ou basquetebol, possuem todas jogadores dentro e fora do campo, incluindo dirigentes, técnicos, conselheiros, atletas e grupos de apoio. Os projetos também possuem um elenco semelhante, e todas as partes têm que dar a sua participação para o projeto atingir suas metas. Todos os jogadores do projeto necessitam de habilidades comportamentais e de atitude para dar sua contribuição ao esforço final. Eis alguns dos principais jogadores:

- Gerente de projetos.
- Responsável pelo projeto.
- Patrocinadores.
- Cliente.
- Equipe do projeto.
- Grupos funcionais.
- Terceiros.

O Capítulo 2 descreve esses e outros jogadores do projeto, dando atenção especial ao gerente de projetos. Embora muitos profissionais de projeto possuam capacidades naturais e outros tenham desenvolvido técnicas durante os anos, a equipe inteira do projeto precisa dedicar atenção permanente à melhoria de suas habilidades comportamentais e atitudinais.

➢ Organizando projetos

Organização sempre envolve pessoas. Embora quando se organiza sejam levados em conta produto, geografia, sistemas e cultura da empresa, a meta final é agrupar as pessoas de tal modo que o trabalho seja facilitado. Alguns tipos de organizações prestam-se melhor que outras ao trabalho de projeto, ainda que todas as estruturas sejam situacionais e, portanto, devam ser selecionadas de acordo com a natureza do projeto e a cultura da empresa. Aqui estão algumas das culturas organizacionais mais comuns:

- *Funcional:* designa claramente as responsabilidades.
- *Matriz funcional:* introduz coordenação departamental cruzada, criando comunicação que flua mais livremente e papéis menos rígidos.
- *Matriz balanceada:* garante atenção gerencial distinta tanto aos tópicos técnicos quanto aos orientados para a tarefa, mesmo que aumente o potencial para conflitos organizacionais.
- *Matriz de projeto:* oscila o pêndulo matriz em direção à tarefa ou missão, criando um grupo orientado para projeto apoiado pelos departamentos de experiência técnica.

- *Força-tarefa ou organização projeto:* dispõe em ordem sob um comando todos os recursos humanos para o projeto e opera relativamente independente da organização matriz, criando uma situação potencialmente conflitante.

O Capítulo 3 descreve as diferenças culturais e comportamentais que são características de cada estrutura organizacional e aborda o conceito de escritório de projetos, ao qual são atribuídas várias responsabilidades relacionadas ao gerenciamento centralizado e coordenado dos projetos sob seu domínio.

➤ Planejamento e estratégia

O planejamento é também um tópico de fator humano, uma vez que ele determina a sequência e identifica quem irá executar cada atividade, e uma ferramenta de coordenação para que os jogadores do projeto sincronizem suas atividades. Tanto o planejamento estratégico do projeto quanto os planos operacionais são necessários para assegurar que os jogadores executem seus respectivos papéis. Eis aqui os destaques do planejamento de projeto:

- Planeje com a participação dos interessados, para ganhar o duplo benefício de gerar um plano melhor e assegurar que ele realmente seja executado.
- Reconheça que as pessoas pensam de formas diferentes sobre planejamento, o que torna necessários esforços especiais para garantir que todos estejam planejando para uma base comum.
- Lembre-se que somente após os planos estratégicos determinarem como o projeto deve ser gerenciado e de que modo ele será executado ou formado é que planejamento, programação e controle devem ser tratados.

No Capítulo 4 são fornecidas informações sobre planejamento com um fator humano e um direcionamento estratégico nesse sentido.

➤ Interface de projeto

Boa parcela da interface necessária em gerenciamento de projeto é comportamental, e outros aspectos também envolvem o fator humano de alguma maneira. Eis aqui algumas das principais necessidades de interface nos projetos:

- *Interface pessoal:* envolvendo o intercâmbio direto entre as pessoas no contato do dia a dia.

- *Interface organizacional:* incluindo o fluxo de informações e comunicação entre as áreas correlatas do projeto.
- *Interface de sistemas:* incluindo interconexões físicas ou eletrônicas necessárias para compor um sistema ou subsistemas como um todo.

A interface pode também ser percebida como direcional (horizontal ou vertical). E pode ser vista como estática (permanente), ou dinâmica (transitória). As necessidades de interface e as soluções de interface podem ter diferentes formas e características durante o ciclo de vida do projeto. O Capítulo 5 descreve em detalhes a interface de projeto.

➤ Utilizando o tempo gerencial

Um fator determinante para o sucesso é como é gerenciado o tempo nos projetos, começando com a maneira pela qual os jogadores do projeto gerenciam o seu próprio tempo. Os padrões de comportamento pessoal possuem uma forte influência sobre como o tempo é gerenciado. Algumas soluções para obter maior controle do tempo são:

- Perguntar a si mesmo se você realmente precisa ver toda aquela papelada.
- Disciplinar suas reuniões para resultados mais eficazes em menos tempo.
- Determinar quanto tempo você tem para escutar um por um, resolução de problemas e aconselhamento, de forma a racionalizar seu tempo de acordo.

Outros princípios importantes de gerenciamento de tempo incluem:

- Distinguir entre assuntos de real importância e aqueles de urgência aparente.
- Aplicar ao tempo o Princípio de Pareto, utilizando 80 por cento do tempo gerencial em 20 por cento dos assuntos selecionados.
- Programar tempo ao invés de programar trabalho, uma vez que o tempo é o recurso limitado e o trabalho deve ser priorizado e estar subordinado ao tempo disponível.

O Capítulo 6 fornece resultados de uma pesquisa de gerenciamento do tempo realizada entre profissionais e como o tempo pode ser mais bem utilizado.

➢ Comunicação

O objetivo da comunicação é transferir informações de uma pessoa para outra ou de um grupo para outro. E mais uma vez as pessoas estão no centro deste importante fator do gerenciamento de projetos. A comunicação depende tanto da transmissão quanto da recepção eficaz. O canal utilizado pode também ter influência sobre a qualidade da comunicação.

Aqui estão alguns fatores que influenciam a comunicação no trabalho de projeto:

- Comunicação envolve concepção de uma ideia, tradução para um código ou linguagem apropriada, transmissão através do meio certo e monitoramento do esforço de decodificação pelo receptor.
- Feedback é o controle de qualidade da comunicação, e as habilidades dos transmissores e dos receptores para estimular e fornecer feedback determinarão a qualidade da comunicação.
- Os tipos de comunicação utilizados em projetos, que incluem a falada, a linguagem corporal, a palavra escrita e os gráficos.
- Os canais usados podem ser face a face, telefone, correspondência, correio eletrônico ou audiovisual.

A comunicação flui melhor quando um bom planejamento antecede a execução, e o Capítulo 7 fornece detalhes de como se comunicar eficazmente em projetos.

➢ Tomada de decisão e solução de problemas

A maneira clássica de tomar decisões segue uma sequência lógica e responde às seguintes perguntas:

- Qual é o problema de fato e quais as suas origens?
- Quais são as soluções alternativas possíveis?
- Qual é a "melhor" solução?
- Qual a melhor forma de colocá-la em prática?

Criatividade é fundamental para uma tomada de decisão eficaz, e depende da habilidade dos membros da equipe de interagirem de uma forma positiva e sinérgica. A maneira como é conduzido o processo decisório, em vista da natureza do comportamento humano, também influencia a eficácia da decisão. A tomada de decisão de forma participativa ou na base do consenso é mostrada para encorajar a probabilidade para alcançar melhores decisões e fazer com que essas decisões sejam executadas conforme planejado.

O Capítulo 8 fornece uma análise detalhada do processo clássico de tomada de decisão e uma discussão sobre maneiras de se alcançar o consenso.

➤ Lidando com conflitos

Conflito é fruto de desacordo ou diferenças entre as pessoas, e assim altamente comportamental por natureza. Os conflitos podem ser *intrapessoais*, envolvendo problemas internos da pessoa, *interpessoais*, incluindo os conflitos que ocorrem entre pessoas e *intergrupais*, que colocam um grupo em posição antagônica com o outro. As causas podem ser severas (visões claramente definidas sobre dois procedimentos administrativos alternativos) ou suaves (ambiguidade geral sobre relacionamentos de papéis numa estrutura matricial).

O conflito pode ser gerenciado de forma ativa, utilizando as cinco técnicas clássicas para resolução de conflitos:

- *Retirada* – cair fora, retroceder ou desistir.
- *Panos quentes* – uma abordagem branda.
- *Compromisso* – envolve barganhar ou negociar interesses conflitantes.
- *Confronto* – o objetivo, abordagem de solução de problemas para resolver conflitos.
- *Força* – valer-se de poder ou de força para resolver conflitos.

Abordagens *pró-ativas* podem também ser utilizadas para gerenciar conflitos, aplicando-se técnicas preventivas com os subordinados, colegas, chefes e clientes. Isso diminui a probabilidade de situações conflitantes florescerem à primeira discordância.

O Capítulo 9 detalha essas abordagens pró-ativas e fornece outros modelos de gerenciamento de conflito.

Quer seja através da arte sutil de persuadir ou através de abordagens mais marcantes, planejadas para o impacto, a administração por influência é uma técnica com grandes aplicações no gerenciamento de projetos.

➤ Poder, política e influência no gerenciamento de projetos

O poder, a política e as influências estão presentes em todos os projetos, seja nos altos escalões ou no nível operacional. Vejamos algumas possibilidades de como é possível lidar com a política e o poder, de modo que tanto os objetivos da empresa quanto os do projeto sejam atingidos:

- A cultura empresarial pode exigir que todas as decisões sejam canalizadas através da hierarquia formal.
- Existe um padrinho (*sponsor*) para o projeto (um alto executivo ou diretor), que se incumbe da tarefa. Em alguns casos, o padrinho coincide com o superior hierárquico, mas comumente um outro executivo de alto escalão dá cobertura política ao projeto.
- Um comitê (*steering committee*) assume esse papel. Quando o projeto ultrapassa limites políticos este conselho deliberativo é uma maneira de se buscar apoio nos altos escalões.
- O gerente do projeto assume toda a responsabilidade. Mas gerentes de projeto sensatos procuram construir logo um "guarda-chuva político" sob o qual o trabalho do projeto possa evoluir.
- Facilitadores externos empenham-se em ajudar e orientar o processo estratégico, para evitar o "jogo de empurra" político e para articular entre as partes interessadas a melhor estratégia para o projeto, ou *experts* são requisitados em caso de necessidade, o que pode ser feita quando ocorrem impasses nos níveis mais elevados.

Quer seja através da arte sutil de persuadir ou através de abordagens mais marcantes, planejadas para o impacto, a administração por influência é uma técnica com grandes aplicações no gerenciamento de projetos, e o Capítulo 10 trata deste assunto.

➢ Formando a equipe do projeto

Fazer com que os jogadores trabalhem juntos numa equipe pode determinar se as metas serão atingidas ou não, e a formação da equipe é fundamental nesse momento. O trabalho em equipe é tanto uma arte como uma ciência. As técnicas (ciência) encorajam a cooperação e a produtividade entre os membros da equipe, e como essas técnicas são administradas (arte) determina seu grau de eficácia.

Projetos utilizam diferentes estruturas organizacionais conforme a empresa, gestores, patrocinadores e gerentes envolvidos na sua condução. E a montagem das equipes é fundamental para que possam render melhor durante a realização dos trabalhos. Algumas técnicas comprovadas que, quando aplicadas com arte, melhoram o esforço de qualquer equipe de projeto:

- *Aconselhamento* – incluir o papo informal, aconselhamento em profundidade e utilizar a descrição de posição como uma ferramenta de aconselhamento.
- *Promover treinamento e capacitação* – apresentar seminários, workshops, programas formais de formação de equipe, conferências e discussões em mesa-redonda.
- *Definir propósitos com clareza* – a falta de clareza provoca incerteza, resistência e dispersão de esforços, e quando o propósito não está claro, pequenos problemas podem se tornar grandes obstáculos.
- *Estimular o senso de equipe* – ser aceito pelos outros membros é importante, pois o medo de rejeição é uma possível sequela quando a equipe ainda não se formou.
- *Estabelecer processos claros:* equipes produzem melhor se existe clareza nos processos de implementação e monitoração escolhidos para atingir as metas.
- *Avaliar o trabalho em equipe*: a equipe que avalia seu próprio desempenho é capaz de verificar os pontos positivos e os pontos a melhorar no trabalho que está realizando.

Detalhes sobre a formas de organizar as equipes em projetos serão vistos no Capítulo 11.

➢ Negociação

Conforme proliferam as situações que tendem a conflito e as pessoas querem participar mais em tomar decisões que afetem suas vidas, mais e mais ocasiões exigem negociação. Elas rejeitam ou sabotam inconscientemente as decisões ditadas pelos outros. Uma vez que as pessoas frequentemente têm diferentes pontos de vista, é preciso *negociação* para conciliar as diferenças.

Os grandes projetos são campos férteis para negociação. Por exemplo, chegar a um acordo sobre os contratos principais de um projeto requer negociação. Formas organizacionais tais como a matriz introduzem uma necessidade de técnicas de barganha "horizontal" especial. Durante todo o ciclo de vida do projeto, existe uma demanda constante por negociação entre equipe do projeto, proprietários, parceiros de consórcios, agências financeiras e outras partes com interesses investidos na conclusão do projeto. Requerem técnicas de negociação em projetos:

- *Contratos.*
- *Aquisições.*

- Negociação com a equipe do projeto.
- Negociação com terceiros e fornecedores.
- Reclamações e encerramento do contrato.

O Capítulo 12 aborda o tema negociação em projetos e sugere modelos de como desenvolver negociações bem-sucedidas no ambiente de projetos.

➢ Reuniões em projetos

Em projetos existem reuniões associadas ao ciclo de vida deles, e que ocorrem em momentos determinados desse ciclo. Entre as mais importantes podemos citar:

- Reunião de partida (*kickoff meeting*).
- Reunião de acompanhamento (*follow-up meeting*).
- Reunião de encerramento ou de entrega do projeto (*end up meeting*).

As reuniões de partida e encerramento ocorrem apenas uma vez, respectivamente ao início e término do projeto. Sua característica principal é formalizar o início e o fim do envolvimento do gerente e sua equipe naquele projeto e respectivas responsabilidades e tarefas associadas. Não devemos confundir essas reuniões com as solenidades que podem ocorrer nessas ocasiões, como lançamentos, festas e inaugurações. Estas representam o lado alegre, político ou de divulgação, mas projetos começam e terminam de fato com reuniões de projeto. O Capítulo 13 trata dessas reuniões e reúne conselhos úteis sobre a melhor maneira de conduzi-las.

➢ Por que e como administrar os stakeholders do projeto

Stakeholders ou partes interessadas são aqueles indivíduos ou organizações positivamente ou negativamente afetados pelas atividades ou resultados finais de um projeto. Eles têm algo a ganhar ou a perder: têm direitos ou interesses no projeto. Isso envolve as pessoas que trabalham no projeto, aqueles que o influenciam e os que serão impactados por ele.

A administração bem-sucedida de stakeholders exige uma abordagem estruturada para lidar com as partes que têm algo em jogo num determinado projeto. A administração estruturada de stakeholders aumenta a probabilidade de sucesso em projetos e diminui as chances de surpresas indesejáveis, e é disso que trata o Capítulo 15.

➤ Comportamento humano visto pelos especialistas

Os especialistas estudaram organizações durante décadas e imaginaram teorias sobre o motivo pelo qual as pessoas se comportam dessa ou daquela maneira em situações organizacionais diversas. Existem teorias sobre as semelhanças e as diferenças entre as pessoas.

A hierarquia das necessidades humanas, a teoria motivação-higiene e a Teoria X-Teoria Y são explicações populares para muitos dos comportamentos nas organizações. Outras visões incluem a Teoria Z, a teoria da probabilidade, análise transacional, liderança situacional, o modelo dimensional do comportamento gerencial e a grade gerencial (*Managerial Grid*), além de estudos contemporâneos como os de Charles Handy, Chris Argyris, Edgar Schein, James Kouzes e Barry Posner, John Kotter, Ken Blanchard, Peter Senge e outros, como veremos no Capítulo 14.

➤ Otimizando o lado humano do gerenciamento de projeto

Como a dedicação ao fator humano do gerenciamento de projeto traz resultados positivos ao projeto? Como irá ele auxiliar a melhorar a qualidade do projeto, reduzir custos e assegurar que o projeto irá prosseguir de acordo com o planejado? Eis algumas formas:

Gera sinergia. A aberração aritmética "2 + 2 = 5" ilustra simbolicamente a sinergia. O termo vem do campo da química, onde uma mistura de dois elementos pode produzir um resultado mais potente e significativo do que a aparente soma dos elementos originais. Na interação humana, ocorre um tipo semelhante de reação. Por exemplo, duas pessoas cooperando e trocando ideias poderão produzir resultados mais significativos do que o fariam as mesmas pessoas trabalhando separadamente. Sinergia é comumente ilustrada nos esportes pelo conceito "equipe de trabalho". Uma equipe bem treinada de jogadores comuns que cooperam e são sensíveis aos pontos fortes e aos pontos fracos de todos que a compõem podem derrotar um grupo de grandes estrelas unidas ao acaso.

Tenha em mente que a sinergia também pode funcionar negativamente. Em alguns casos, dois mais dois podem produzir um resultado de três e não cinco. Uma força-tarefa que falha em "realizar suas ações em conjunto" pode ficar envolvida em rivalidades, exaltar-se e perder o controle.

Forma contratos psicológicos. Um contrato psicológico consiste em expectativas mútuas do indivíduo e da organização. Cada parte traz ao relacionamento um conjunto de expectativas quanto ao que cada um irá dar e receber. Contratos psicológicos sólidos criam uma rede interativa na qual as atividades críticas fazem interface automaticamente. Quando existe a comunicação aberta, as expectativas mútuas provavelmente serão razoavelmente compatíveis. O gerente de projeto que é sábio consegue contratos sólidos com os membros da equipe e minimiza expectativas irreais ou infundadas.

Cria um arranjo produtivo. Uma abordagem orientada para pessoas no gerenciamento de projeto é uma forma agradável de realizar trabalhos produtivos. As metas do projeto são mais prováveis de serem atingidas quando uma equipe de profissionais motivados trabalha visando atingir objetivos que estão em harmonia com suas metas pessoais e profissionais. Quando os relacionamentos do tipo dar-e-receber fornecem o tom para um projeto e os membros das equipe acreditam que estão contribuindo para objetivos significativos do projeto, o trabalho torna-se mais divertido. As pessoas realmente podem trabalhar mais arduamente e durante mais tempo sob uma abordagem "pessoa" do que sob uma abordagem de sistemas ou outra abordagem organizacional.

Elimina dificuldades organizacionais. Equipes baseadas na abordagem do lado humano para gerenciar projetos são menos rígidas e têm mais chances de se adaptar a novas situações de projeto do que aquelas baseadas exclusivamente numa abordagem de sistemas. No caso de contratos psicológicos objetivos, os membros da equipe terão objetivos firmes e não permitirão que as barreiras dificultem o caminho.

Melhora as relações com o cliente. A habilidade do cliente de examinar um projeto, estabelecer políticas, indicar controles e participar nas principais decisões do projeto é um fator fundamental para o sucesso do projeto. Quando se percebe o cliente como um grupo de pessoas, cada um com objetivos distintos pessoais, profissionais e de projeto, então as relações com o cliente tendem a ser tanto harmoniosas quanto produtivas. Se os relacionamentos são abertos, fáceis e diretos, serão resultados positivos futuros. Se os relacionamentos são forçados, o envolvimento do cliente pode criar obstruções ao longo do projeto.

Torna o gerenciamento de projeto mais eficaz. Talvez a razão mais importante para enfatizar o lado humano do gerenciamento de projetos seja que ele simplesmente é uma forma mais eficaz de ter o serviço feito. Ele abre caminho para a execução das tarefas necessárias ao projeto, criando uma atmosfera objetiva de solução de problemas. A eficácia da abordagem baseia-se no princípio de que todos os problemas de projeto podem ser resolvidos pelas pessoas.

➢ Conclusões

No gerenciar pessoas pode se concentrar pelo menos metade dos problemas em projetos, mas isto pode ser melhorado obtendo-se mais conhecimento e técnicas nos tópicos relacionados ao comportamento. Algumas pessoas, através de seu talento natural, já possuem as capacidades requisitadas em certas áreas, mas qualquer desempenho de profissionais de projeto pode ser aprimorado através de estudo e diligência nas áreas cobertas neste livro.

O lado humano do gerenciamento de projeto é como uma colcha de retalhos – uma combinação de intangíveis que inclui abordagens motivacionais, técnicas de gerenciamento de conflito e teorias de tomada de decisão. Abrange sutilezas culturais, estratégias de negociação e técnicas de interface. Inclui o lado comportamental de planejamento e o papel especial de liderança do gerente de projeto em gerenciar pessoas e tomar decisões. E as pessoas são o recurso mais valioso de qualquer projeto.

Capítulo 2

O Gerente de Projetos e outros Personagens

➤ Apresentando o gerente de projetos

As atribuições e qualidades esperadas dos gerentes de projetos (GP) listam atributos, técnicas e responsabilidades que podem, no mínimo, ser descritas como inalcançáveis. Pede-se que gerentes de projetos finalizem seu trabalho dentro da programação, orçamento e padrões de qualidade estabelecidos. Para atingir suas metas, devem saber usar recursos escassos, lidar com todos os intervenientes e interessados e motivar sua equipe em momentos delicados.

Espera-se que o gerente de projeto tenha qualidades pessoais e habilidades profissionais bem desenvolvidas e harmoniosas. Certa vez o vice-presidente executivo da Kaiser Engineers, V. E. Cole, sugeriu que um gerente de projeto de uma indústria de construção deve ser:

- um magnífico planejador;
- um administrador hábil;
- um batalhador incansável;
- um psicólogo sensível;
- um engenheiro talentoso;
- um construtor experiente;
- um mestre em comunicações;
- um otimista inabalável; e
- um vendedor formidável e avarento.

Não importa a natureza do projeto, parece que o gerente de projetos deve carregar consigo uma mala cheia de artifícios sobre experiência em tecnologia, gerenciamento, bem como artes e ciências comportamentais, pronta para ser aberta e usada nas mais diversas situações.

Tais qualificações rigorosas levantam certas questões fundamentais: projetos podem realmente ser administrados por um mero ser humano? O fardo é grande demais para se carregar? É ilusório imaginar que existem gerentes de projetos suficientemente dotados de talentos para realizar eficientemente tal função? Alfred Kahn levantou tal questão numa palestra no 11º. Congresso do PMI, quando perguntou em voz alta se o trabalho do gerente de projetos não era análogo a "certas posições governamentais de alto nível" nas quais um paradoxo peculiar se apresentava. De acordo com Kahn, algumas posições são tão desafiadoras que "você não pode atribuí-las a alguém suficientemente estúpido para aceitá-las." O paradoxo de Kahn destaca a difícil tarefa de realizar projetos complexos e exigentes com os meros mortais que esperamos que os gerenciem.

➤ Títulos e nomes

Quem é a pessoa encarregada do que denominamos projeto? Ela é identificada por muitos e diversos nomes, conforme mostrado a seguir:

- Gerente de projeto.
- Coordenador de projeto.
- Líder de projeto.
- Gerente de negócios.
- Diretor de planejamento.
- Presidente da força-tarefa.
- Administrador de projeto.
- Coordenador de projeto.
- Engenheiro de projeto.
- Gerente de programa.
- Gerente executivo.
- Gerente de contratos.
- Gerente de construção.
- Gerente de implementação.

O amplo espectro de títulos sugere que, enquanto as funções de gerenciamento de projeto compartilham responsabilidades comuns, o estereótipo denominado gerente de projetos na literatura pode realmente não existir. Assim como não existe tal coisa como um "gerente típico" ou um "operário médio", o gerente de projetos, conforme citado nas publicações profissionais, é talvez apenas um modelo ou um protótipo com o qual as pessoas nas posições de gerenciamento de projeto podem se comparar.

Existe uma linha comum que une todo o trabalho desse profissional: a responsabilidade de promover a integração do projeto. Para conduzir um trabalho de qualidade até sua conclusão dentro do custo e prazo previstos, o gerente de projetos deve agir como um integrador de recursos. Os recursos do projeto, tais como pessoas, instalações, materiais, equipamentos e informações devem ser coordenados e integrados de modo a que as metas do projeto sejam atingidas e as atividades diárias mantenham seu ritmo. Isso é verdadeiro para projetos de software, programas sociais, empreendimentos imobiliários, desenvolvimento de produtos ou projetos financeiros, sejam esses projetos pequenos, de tamanho médio ou enormes.

➤ Aflições do gerente de projetos

Pessimista: gerentes de projetos estão sempre atribulados com problemas.

Otimista: gerentes de projetos são abençoados com oportunidades para resolver problemas.

Quer o panorama predominante do trabalho do gerente de projetos seja aflitivo ou cor-de-rosa, existe pouca dúvida de que sua posição apresenta grandes desafios. A maioria dos grandes projetos está fortemente influenciada por fatores como políticas externas, preferências ou opiniões dos clientes, padrões impostos por legislação, terceirização, investidores financeiros, agências governamentais e especialistas externos. Dentro do próprio ambiente de projetos, as pressões de política interna e as brigas pelo poder fazem parte desse desafio. Outros problemas do gerenciamento de projetos podem ser causados pelas inúmeras situações ambíguas que aparecem durante o ciclo de vida do projeto.

Gerentes de projetos encarregados de atingir metas ambiciosas geralmente carecem de autoridade formal suficiente para atingi-las. Na maioria dos casos, o gerente é incapaz de conseguir com que todas as pessoas relacionadas ao projeto se enquadrem dentro da cadência e desempenhem prontamente as atividades necessárias para manter o projeto em andamento. Por exemplo, o gerente pode ter pouca ou nenhuma autoridade sobre: (1) gerentes funcionais, (2) pessoal do cliente e (3) funcionários públicos envolvidos. E sem a cooperação dessas partes, é improvável que as metas do projeto sejam atingidas. Apesar de haver uma lacuna inevitável de autoridade, espera-se do gerente de projetos que ele mova montanhas para atingir os objetivos. Por natureza, sua missão já representa um desafio imenso, e a má combinação de responsabilidade e autoridade torna a tarefa ainda mais árdua.

Essa combinação entre as responsabilidades assumidas e a autoridade formal disponível pode ser intencional, devido à cultura da empresa ou aos sucessos em projetos anteriores. Ou ela pode ser o resultado inadvertido de uma falta de ciência ou experiência. Nas empresas onde há comunicação horizontal flexível, podem ser desnecessários ou até mesmo indesejáveis procedimentos formais estabelecendo autoridade. Em ambientes nos quais não é predominante uma cultura orientada para projeto, a autoridade claramente definida para o gerente de projetos pode ser a chave do sucesso. A própria percepção, pelo gerente, do relacionamento entre responsabilidade e autoridade também influencia a maneira como os projetos são executados. Por exemplo, o gerente que tende a confiar cegamente em autoridade formal não ficará à vontade trabalhando em projetos nos quais a responsabilidade supera de longe a autoridade. Contudo, se a má combinação é aceita como parte do jogo, este gerente tem uma boa chance de descobrir maneiras de ganhar autoridade e exercer uma influência maior sobre o destino do projeto.

➤ Gerenciamento de *stakeholders*

O trabalho do gerente de projetos é delicado, pois envolve pessoas-chave e grupos que requerem atenção. Por exemplo, departamentos funcionais precisam de intervenção rotineira para manter a continuidade técnica e o pessoal afinado com os objetivos predominantes do projeto, grupos de apoio precisam de atenção e orientação e supervisores devem ser mantidos atualizados sobre a situação geral do projeto. O gerente de projetos coordena ações internas com o ambiente externo, o que geralmente significa lidar com funcionários públicos e grupos de organizações não governamentais. O cliente, seja uma entidade externa ou um grupo interno, consome o tempo do gerente em atividades como relatórios sobre a posição do projeto, tomada de decisões sobre políticas e atividades rotineiras. A equipe de projeto interage constantemente com o gerente de projetos, executando os procedimentos necessários para atingir as metas do projeto. Subcontratados, consultores externos e outros tipos de terceiros também fazem parte da parada de relacionamentos deste gerente.

Cada parte percebe o projeto de forma distinta e própria e tenta influenciar o curso de eventos exercendo pressões sobre o gerente de projetos. Essa pressão é sentida em formas que variam desde cutucadas gentis até rígidas jogadas e imposições de poder. A habilidade do gerente para lidar com cada situação e para evitar grandes problemas aumenta a probabilidade de atingir as metas do projeto.

São os *stakeholders*, pessoas que ganham ou perdem ao apoiar ou não a abordagem do gerenciamento por projetos. Essas pessoas ou partes são positiva ou negativamente influenciadas pelas atividades ou pelos resultados finais de um projeto e têm algo a ganhar ou perder com o sucesso ou não dele. O gerenciamento desses *stakeholders* é a base do gerenciamento por projetos, o lubrificante que faz as engrenagens do projeto girar, e lida com questões que envolvem aspectos de poder, política, influência, interesses especiais, agendas ocultas e conflitos interpessoais.

O poder é necessário para que os executivos e outros importantes participantes de projetos consigam realizar seu trabalho. Sem o poder, é difícil conseguir que as coisas sejam feitas. O poder fornece a energia para se tomar iniciativas, traçar planos e acompanhar resultados, e adequadamente utilizado, faz o empreendimento se deslocar na direção certa.

Alguns *stakeholders* que possuem diferentes interesses são apresentados a seguir:

- **O patrocinador (sponsor) do projeto**

    O patrocinador do projeto geralmente é uma pessoa ou grupo a quem o gerente do projeto se reporta dentro da organização. Em alguns casos, o responsável tem um relacionamento matricial com o gerente. O patrocinador do projeto fornece apoio, estimula contatos de alto nível e monitora o desempenho geral do projeto. A responsabilidade final para o sucesso do projeto é do patrocinador, cujo trabalho também inclui indicar, em primeiro lugar, o gerente do projeto para o serviço – e removê-lo, se necessário. É função do patrocinador do projeto estabelecer a autoridade/responsabilidade do gerente do projeto. Essa responsabilidade pode ser estabelecida formalmente por procedimentos padrão, negociada especificamente para o projeto atual ou apenas apontar para um entendimento informal. Por exemplo, se o patrocinador vê a posição do gerente investido de grande autoridade, esse gerente pode usar o poder com a rapidez necessária. Por outro lado, se a posição não está clara ou foi comunicada inadequadamente, a autoridade deve ser percebida como mais submissa.

- **Os campeões do projeto**

    Os campeões são responsáveis pela existência dos projetos. São aqueles que iniciam o movimento e têm, em última instância, interesse em ver o projeto chegar a seu estágio operacional. Eles moldam a forma pela qual uma organização percebe e gerencia seus projetos, embora nem sempre tenham poder formal como um *sponsor*. Exemplos desses que são campeões são os entusiasmados por uma ideia ou causa, os investidores, patrocinadores de projetos, clientes e até políticos.

- **O cliente**

    Quer um projeto seja empreendido para um terceiro, tal como uma fábrica de software, firma de produção ou agência governamental, quer o trabalho seja executado internamente para um outro grupo da própria empresa, o gerente do projeto deve trabalhar para estabelecer um relacionamento especial com o cliente. Afinal, o cliente é seu chefe em última instância, é quem paga as contas e, portanto, deve ficar satisfeito.

O papel do gerente do projeto, embora se suponha estar bem definido nos termos contratuais, pode ser percebido de diversas formas pelos clientes. Se o pessoal do cliente for apático por natureza, eles podem esperar que o gerente do projeto tome iniciativa e aja com golpes rápidos, corajosos. Já um cliente agressivo e que usa uma abordagem participativa pode fazer com que o gerente do projeto se volte para uma posição de mais diálogo, discutindo as decisões propostas com o pessoal do cliente interessado. O sucesso do projeto depende fortemente da habilidade do gerente de compartilhar com o cliente as filosofias de gerenciamento de projeto.

- **A equipe do projeto**

A equipe do projeto trabalha diretamente com o gerente do projeto na execução das funções de planejamento, coordenação, interface e controle de desempenho, e suas ações afetam o gerente. Um grupo de profissionais objetivos, com energia em alta, pode estimular o gerente do projeto para obter mais eficácia. Por outro lado, um grupo de baixa qualificação ou entusiasmo drenará suas energias até que este tome ações corretivas na forma de treinamento, motivação ou substituição.

- **Grupos funcionais**

Os grupos funcionais combinam experiência e capacidade para assumir tarefas específicas de trabalho e fornecer apoio básico ao projeto. Um departamento de sistemas, com seu conhecimento e habilidade para estabelecer a programação e os controles do projeto é um exemplo de grupo funcional. A área de produção e o departamento de engenharia são outros exemplos. Os grupos funcionais são contínuos – eles normalmente duram o mesmo tempo que a empresa –, e essa característica separa os grupos funcionais das equipes de projeto, que são transitórias por natureza. O pessoal funcional tende a ser composto de interessados no crescimento profissional dentro de sua área funcional durante um longo período de tempo. O gerente de projetos, uma figura transitória, deve possuir a sensibilidade e a habilidade de inspirar o pessoal funcional a empregar os esforços necessários para concluir o projeto com sucesso.

- **Terceiros**

Terceiros incluem consultores, contratados, fornecedores e prestadores de serviços. O gerente do projeto não tem ação direta sobre esses grupos, mas deve ajudar a criar relacionamentos eficazes com eles de modo a que o projeto possa trilhar seu curso normal. Os terceiros contratados, por outro lado, geralmente desempenham o trabalho físico real necessário para terminar um projeto. Em um serviço de construção industrial, por exemplo, eles fabricam o equipamento, despejam o concreto e fazem as conexões físicas. Em um projeto de informática, eles podem desenvolver e instalar sistemas, realizar testes e tornar eficaz a operação inicial.

A equipe de gerenciamento de projeto geralmente não executa trabalho que possa ser percebido após o término do projeto. Todas as tarefas para o resultado final, que possam ser vistas ou tocadas, provavelmente foram executadas por outros. O gerente do projeto e a equipe de gerenciamento do projeto fornecem tarefas intangíveis, tais como gerenciamento, planejamento, interface, coordenação, acompanhamento e controle, de modo a que outros possam executar suas tarefas tangíveis dentro do grande plano do projeto.

➢ As lealdades paralelas do gerente de projetos

A maior parte dos gerentes de projetos precisa usar vários chapéus diferentes. Os gerentes talentosos possuem um discernimento para usar seus chapéus simultaneamente e com estilo. Cada chapéu corresponde a uma lealdade específica, e o gerente do projeto, por definição, deve estar fortemente comprometido com cada uma dessas lealdades. Manter lealdade com todas as partes é um ato delicado de equilíbrio que requer convicção, naturalidade e sutileza.

As principais lealdades do gerente do projeto são:

- **lealdade à profissão.** Se, por exemplo, o gerente do projeto está chefiando um esforço importante de desenvolvimento e implantação de sistemas, então a lealdade principal é atribuída à informática e a suas éticas, a fim de assegurar um produto final seguro e tecnicamente sólido.
- **lealdade ao cliente.** Uma vez que o cliente controla os gastos e geralmente é o proprietário do projeto, o gerente do projeto deve ser leal aos melhores interesses do cliente.
- **lealdade à organização.** O gerente do projeto é pago por sua empresa ou organização, e sua carreira segue dentro desta organização. Na qualidade de empregador do gerente do projeto, a organização matriz merece fidelidade.

➢ O gerente de projetos e o mundo empresarial

Os desafios que o gerente de projetos enfrenta são talvez mais profundos do que eles inicialmente parecem. São grandes as preocupações do dia a dia, as ambiguidades e os problemas, mas mesmo assim representam árvores individuais numa grande floresta. A natureza das filosofias de gerenciamento e das ferramentas do projeto muda com o tempo, conforme o mundo se move pelos novos ciclos econômico, social e tecnológico. Os gerentes de projetos devem estar bem preparados para assumir os desafios conforme ocorrem as transições, e devem se ajustar às mudanças que irão ocorrer nos projetos e no mundo que o cerca.

Durante a vida profissional do gerente, as filosofias, práticas e técnicas de gerenciamento passam por mudanças periódicas. Por exemplo, as apresentações gráficas evoluíram de simples cronogramas de barras para sistemas sofisticados baseados em redes e computadores. As escolhas costumavam ser diretas, mas agora podem envolver a compilação de inúmeros relatórios para atender aos requisitos legais nacionais e do estado. O uso de pessoal experiente ou certificado é muitas vezes exigido em licitações ou concorrências, e o gerente do projeto deve estar atento às tendências a fim de manter afiadas suas técnicas e seu conhecimento, bem como para garantir tanto seu sucesso profissional quanto sua sobrevivência pessoal.

➢ Qual é afinal a função do gerente de projetos?

Qual é realmente o trabalho do gerente? Como se supõe que o gerente de projetos enfrente esse mundo cheio de obstáculos? Quais técnicas irão assegurar o sucesso do projeto? Em 1916 o industrial francês Henri Fayol escreveu: planejamento, organização, coordenação e controle. Se essas funções são executadas adequadamente, o que quer que esteja sendo gerenciado provavelmente atingirá níveis satisfatórios de desempenho. Os princípios de Fayol são fundamentalmente universais e se aplicam a todos os tipos de gerenciamento, seja contínuo ou transitório.

Não há uma descrição padrão e adequada que contemple as sutis variações necessárias ao gerente de projeto. O que existe é um conjunto de recomendações clássicas para todas as posições de gerenciamento de projetos:

- o gerente de projetos é sempre responsável por levar o projeto ao término para satisfação das partes interessadas e dentro dos parâmetros de tempo (programação), custo (orçamento) e qualidade (desempenho);
- sua autoridade para desempenhar suas funções pode variar desde quase nula até total;
- seu trabalho permanece praticamente o mesmo em todos os projetos, mas as técnicas para atingir as metas devem ser usadas sob medida para se ajustarem a cada projeto específico.

Isso pede que gerentes de projetos desenvolvam três papéis fundamentais. O primeiro é o papel interpessoal, o qual inclui as funções líder figurativo, liderança e ligação. Segundo, o gerente desempenha um papel informacional, que envolve disseminar a informação e agir como um porta-voz. O terceiro papel é aquele de tomar decisões, no qual o gerente age como empresário, alocador de recursos e negociador. Esses papéis são amplos em escopo e geralmente se aplicam a qualquer situação de gerenciamento.

Existem duas premissas claras no gerenciamento de projetos. Primeira, o gerenciamento de projetos está separado do gerenciamento tradicional pela "mortalidade" do trabalho do projeto, ou seja, o fato de o projeto ter ciclos de vida finitos. Segunda, existem visões variadas de como o gerenciamento de projetos deve realmente ser executado. Pela lista mostrada dos títulos de gerentes de projetos, fica claro que o trabalho não pode ser estereotipado. Alguns dos papéis do gerente de projetos que ajudam a atingir eficazmente os objetivos do projeto quando adequadamente desempenhados são:

■ Ativador do projeto

O ativador do projeto esforça-se contra as desigualdades. Pouca autoridade está disponível e a estrutura organizacional do projeto frequentemente não é clara. Espera-se que o ativador trabalhe quase que magicamente dentro de uma hierarquia funcional onde a mobilidade horizontal é bastante limitada. Dependendo da experiência técnica do ativador e das técnicas comportamentais, seu papel pode ser ampliado para aumentar sua eficácia. Aqui estão algumas sugestões para gerenciar na posição de ativador do projeto:

- **Conheça sua empresa.** Chegue a uma compreensão formal ou informal com seu superior com relação às suas funções, e defina o que se espera que você execute e quais recursos você tem para fazer seu trabalho.
- **Conheça seu projeto.** Compreenda totalmente o projeto e não tente competir: use seu conhecimento para ajudar a dirigir o trabalho.
- **Caminhe com cautela.** Uma vez que você está lidando com outros que controlam poder superior, mova-se suave e cautelosamente.
- **Peça conselhos.** Para superar resistências, leve os assuntos complexos para as partes envolvidas que sejam mais influentes, solicitando ideias e orientação, e incorpore essas ideias tanto quanto possível na sua solução.
- **Construa pontes.** Seja especificamente útil, faça favores, construa um estoque de boa vontade.

- **Trabalhe junto.** Crie sistemas de controle e outras ferramentas de coordenação juntamente com as partes envolvidas, e peça opiniões e aprovações.

- **Transgrida.** Uma vez estabelecidos os fundamentos básicos e os relacionamentos, trabalhe para aumentar sua base de poder através da autoridade de competência e da autoridade de relacionamentos.

Coordenador do projeto

O coordenador do projeto possui uma posição mais forte de autoridade do que o ativador do projeto, e geralmente são admitidos para centralizar contatos com um cliente ou com terceiros. O coordenador é reconhecido como um participante significativo do projeto, apesar de obscuras linhas de autoridade. A postura do coordenador pode variar desde a posição fraca de um "coordenador de comunicações", envolvendo encaminhamento e acompanhamento da correspondência do projeto, até uma posição de gerente de projetos de fato, na qual sua influência atinge um nível mais alto.

Embora a posição do coordenador de projetos seja mais enérgica do que a do ativador, as sugestões listadas anteriormente também se aplicam. Assim como no caso do ativador, o coordenador do projeto é "hierarquicamente inferior" aos gerentes funcionais que participam do projeto. A diferença fundamental é que os coordenadores começam com uma posição mais forte de autoridade, e depende da habilidade individual de cada um ampliar sua autoridade inicial e conquistar espaços.

Gerente de projetos matriciais

Os gerentes de projetos matriciais se deparam com situações ambíguas e muitas vezes não têm autoridade ampla para executar as responsabilidades de gerenciamento. Mas ao contrário do ativador e do coordenador, este gerente de projetos possui status igual aos gerentes funcionais correspondentes, e seu papel exige fortes habilidades de negociação com aqueles pares. O gerente matricial deve saber onde encontrar ajuda e deve ter destreza para convencer os grupos funcionais e de apoio a fornecer recursos necessários nos momentos cruciais e oportunos.

A organização matricial fica então caracterizada pela existência de "dois chefes". Um dos chefes é o gerente do projeto, que determina o que deve ser feito e quando fazê-lo. O outro chefe é o gerente funcional, que orienta as pessoas sobre como as coisas devem ser feitas e identifica os recursos necessários. O gerente do projeto concentra-se na definição das atividades e programações do trabalho, enquanto o gerente funcional está concentrado na garantia de qualidade e na competência técnica.

Algumas sugestões enumeradas a seguir podem ajudar bastante os gerentes de projetos que trabalham dentro de uma estrutura matricial:

- **Compreender a estrutura do poder.** Analisar e trabalhar os relacionamentos com os membros influentes hierarquicamente superiores para melhorar a compreensão mútua sobre a natureza de seu serviço.
- **Construir alianças com os gerentes funcionais.** Pensar nos gerentes funcionais como membros companheiros de uma equipe, visando criar harmonia para que a equipe ganhe o jogo.
- **Ser flexível.** Se os grupos funcionais sugerem uma forma aceitável de atingir uma necessidade e estão entusiasmados sobre isso, deixe-os ir adiante, mesmo se a sua própria abordagem é diferente, pois desse modo você criará boa vontade e participação.
- **Esteja preparado para mudar.** O equilíbrio de poder na matriz tende a mudar conforme o projeto caminha no seu ciclo de vida. Os gerentes funcionais dominam as atividades no início. Durante as fases intermediárias, que precisam de interfaces dinâmicas, o gerente de projetos tende a emergir como o principal líder do projeto, mas conforme se aproxima o prazo final, os gerentes funcionais readquirem suas posições anteriormente predominantes.
- **Pressione para obter progressos.** A função do gerente de projetos é fazer as coisas acontecerem, e sua principal arma deve ser superar as barreiras e entraves e certificar-se de que as atividades sejam realizadas dentro dos prazos e custos estabelecidos.

■ Gerente de projetos força-tarefa

Para o gerente de projetos força-tarefa, carência de poder ou de autoridade não é um assunto primordial, e outras dificuldades tendem a tomar proporções maiores. Por exemplo, mobilizar e desmobilizar pessoal torna-se um grande desafio, manter profissionais com experiência técnica adequada no grupo pode ser difícil, e o custo da força-tarefa, sempre maior do que em outras formas de organização de projetos, pode ser questionado. E também a força-tarefa pode assumir responsabilidades que, em outras formas de gerenciamento de projeto, seriam compartilhadas com outros.

Eis aqui algumas sugestões para o gerente de projetos força-tarefa:

- **Assegure o comprometimento das gerências mais graduadas.** Através de negociação, estabeleça sua autoridade com estas gerências e obtenha comprometimento para recursos e apoio.
- **Esteja atento à qualidade.** Garanta a qualidade dentro do projeto e execute auditorias periódicas de qualidade.
- **Pense cuidadosamente na equipe.** Uma vez que as forças-tarefa têm grande autonomia, a qualidade do pessoal do projeto pode construir ou destruir o projeto. Fique atento aos profissionais fundamentais da equipe e forme uma rede de recrutamento para assegurar que os postos chave serão preenchidos.
- **Controle os custos.** Tenha cuidado e negocie custos permanentemente, desde que a qualidade seja mantida, e divulgue junto aos interessados as reduções obtidas.

Gerente de múltiplos projetos

Apenas um lembrete: gerentes de múltiplos projetos devem estar atentos às diferentes realidades, premissas e motivações que envolvem cada um dos projetos que gerencia, e deve ser capaz de lidar com elas sem esquecer a natureza de sua missão: conduzi-los à realização dos objetivos acertados ao início deles utilizando as técnicas e ferramentas adequadas e consagradas em sua profissão.

➢ Habilidades de gestão

Teoricamente, as metas podem ser atingidas simplesmente aplicando-se os princípios gerais de planejamento, organização, coordenação e controle. Mas é cada vez mais claro que é necessária uma forte dose de comportamento gerencial para executar aquelas tarefas básicas e adaptá-las às situações especiais de cada projeto.

Thamhain e Wilemon agruparam as técnicas e habilidades necessárias para a boa prática do gerenciamento de projeto em seis grandes categorias:

- **Liderança**
    - ✓ direção e liderança claras;
    - ✓ participação na solução de problemas e tomada de decisões técnicas;
    - ✓ delineamento claro de metas e objetivos;
    - ✓ unir a equipe em torno das metas do projeto;

✓ delegar sempre;
✓ tomada de decisões firme.

- **Experiência técnica**
    ✓ compreender as tecnologias envolvidas no projeto;
    ✓ compreender as aplicações, mercados e requisitos do cliente;
    ✓ gerenciar tecnologia;
    ✓ avaliar riscos e negócios;
    ✓ antever tendências tecnológicas;
    ✓ dar assistência na solução de problemas;
    ✓ comunicar-se eficazmente com a equipe técnica.

- **Habilidades comportamentais**
    ✓ formar equipes multidisciplinares;
    ✓ envolver e estimular o pessoal;
    ✓ gerenciar conflitos;
    ✓ comunicar-se oralmente e por escrito com todos os níveis;
    ✓ fomentar um ambiente de trabalho que conduza ao trabalho em equipe;
    ✓ envolver a direção e gerentes seniores.

- **Técnicas de gestão**
    ✓ planejamento do projeto;
    ✓ negociação de recursos;
    ✓ comprometimento com a segurança;
    ✓ estabelecer marcos mensuráveis;
    ✓ estabelecer procedimentos operacionais;
    ✓ estabelecer e manter relatórios e revisões;
    ✓ estabelecer e gerenciar controles do projeto;
    ✓ uso eficaz de ferramentas e técnicas de programação;
    ✓ planejamento eficaz da mão de obra.

- **Técnicas organizacionais**
    ✓ compreender como funciona a organização e como trabalhar eficazmente com ela;
    ✓ formar equipes de trabalho multifuncionais;
    ✓ trabalhar eficazmente com a direção e gerentes seniores;

✓ compreender interfaces organizacionais;
✓ estabelecimento de uma organização eficaz.

- **Técnicas empresariais**
  ✓ capacidade gerencial;
  ✓ gerenciar projetos como negócios;
  ✓ atingir objetivos lucrativos;
  ✓ desenvolver negócios novos e acompanhá-los.

Na análise detalhada dessas características e habilidades, é significativo notar que a interação comportamental é um tema primordial que acontece em todas as categorias técnicas – mesmo a categoria denominada experiência técnica.

➢ Lembrete final

Uma posição pró-ativa significa conduzir o projeto para as suas metas ao invés de atropelar as tarefas empurrando-as para a conclusão. Ser pró-ativo significa aparecer com novas ideias e diferentes abordagens. Isso exige ser criativo, receptivo e, mesmo estando na vanguarda, olhar para a frente e abrir caminho para importantes atividades do projeto. Isso significa provocar e obter interesse de todos, participação ativa e espírito de equipe. Uma postura pró-ativa quer dizer que os verbos de ação devem fazer parte do estilo do gerente, com atenção particular dada às palavras terminadas em "ar": delegar, estimar, participar, investigar, isolar, dedicar, delinear, compensar, acelerar, instigar, avaliar, obrigar, advogar, agitar, correlacionar, atenuar, eliminar, gerar, nomear, discriminar, comunicar e diferenciar. Pró-agir significa pensar em termos ligados a ações e transformar esses pensamentos em resultados verificáveis e aceitos.

Gerentes bem-sucedidos e proativos trabalham como foco em (1) objetivos do projeto, (2) relações com o cliente, (3) relacionamentos interpessoais e (4) objetivos da empresa. O sucesso do projeto depende fundamentalmente de gerenciar simultaneamente essas áreas correlatas e distintas, e isso pode ser obtido aderindo-se aos seguintes princípios:

- mantenha-se fiel aos fundamentos, seja diligente na perseguição das metas de programação, custo, qualidade e desempenho do projeto;
- lembre-se do lema: "o cliente tem sempre razão", e cuide para que o cliente obtenha um bom produto e fique contente com o serviço;

- gerencie cuidadosamente o acordo de serviços de gerenciamento do projeto – seja executado por um cliente externo, seja por um cliente interno – no melhor interesse comercial de sua organização;
- esteja alerta para oportunidades de aumentar os lucros ou alcançar outros benefícios;
- desenvolva o senso de antecipação e aproveite as oportunidades;
- aprimore continuamente seu relacionamento com todas as pessoas envolvidas, seu recurso mais importante e decisivo na função de gerente de projetos bem-sucedido.

Capítulo 3
Organizando para Gerenciar Projetos

➤ Estrutura e flexibilidade

"Que burocracia. Eu não consigo que nada ande nessa organização!"

"Você é feliz porque não tem uma burocracia da qual se queixar – no nosso projeto não existe organização nenhuma. Eu não sei onde termina meu serviço e onde começa o da outra pessoa."

Essas visões refletem queixas opostas sobre a estrutura de uma organização. A primeira é uma reação a estruturas rígidas, que centralizam a informação em rotas mapeadas por diagramas de fluxo e organogramas da organização. A abordagem permite pouca flexibilidade para fazer com que projetos diligentes se movam. A segunda queixa emana de uma organização menos estruturada, caracterizada por níveis de autoridade e de responsabilidade não definidos. Nesta organização, a flexibilidade é tanta que os limites de trabalho tornam-se obscuros e o resultado pode ser um projeto que, como a famosa panela, pode ter cozinheiros demais a vigiando – ou, pelo contrário, nem ao menos um.

Ao projetar organizações, os responsáveis por tomadas de decisões do projeto devem criar estruturas que irão atender amplamente diversas necessidades do projeto. Se a estrutura é muito rígida – ou muito flexível –, a organização pode provocar reações semelhantes àquelas fornecidas no diálogo inicial.

O simples desenho de um organograma organizacional simplifica bastante a elaboração da organização do projeto. Além de esboçar quem se reporta a quem, o projeto geral deve responder à pergunta: "Como a organização irá realmente funcionar?" Ele deve fornecer uma interação eficaz entre todos os atores do projeto.

O objetivo de uma organização é facilitar a interação de pessoas para atingir metas. Jay W. Lorsch diz que "o projeto da organização é composto por estrutura, recompensas e práticas de medição que visam direcionar o comportamento dos membros para as metas da organização". E fornece as seguintes interpretações das metas dos gerentes ao planejar organizações:

- Criar um projeto de organização que forneça uma estrutura permanente na qual os gerentes possam influenciar os indivíduos a fazerem seu serviço em particular.
- Alcançar o padrão de esforço colaborativo entre os empregados, o qual é necessário para operações bem-sucedidas.
- Criar uma organização que seja eficaz em custos, ou seja, uma que não só alcance as duas primeiras metas acima, mas que o faça com um mínimo de duplicação do esforço, custos da folha de pagamento entre outros.

➤ Estruturas organizacionais

É necessária uma estrutura que estimule a interação humana, que minimize as barreiras para tal interação a fim de estabelecer organizações de projetos. Criar uma organização pode ser comparado com o projeto da estrutura básica de um prédio. Um prédio pode ser estruturado com aço, concreto armado, madeira, ou outro material, pode ser reforçado ou aplainado, dependendo da probabilidade de exposição a terremotos, vento, gelo e variações de temperatura. O prédio deve refletir um estilo arquitetônico coerente e deve ser compatível com as necessidades da construção. As estruturas de projetos podem assumir várias formas, rígidas ou flexíveis, dependendo de suas necessidades relativas. O estilo também é um importante fator do projeto para gerenciar organizações. A organização deve ser moldada para se adequar aos traços predominantes da cultura da empresa, assim como às personalidades e preferências das pessoas chave. Assim como no projeto estrutural, cada organização deve ser projetada de forma a se adequar a um determinado conjunto de condições.

Três estruturas clássicas predominam no trabalho de projeto. Apesar de existirem variações sutis, as pedras fundamentais do projeto da organização são representadas pelas seguintes formas:

Organizações funcionais ou hierárquicas. Mencionada como o tipo de organização que mais se destaca no mundo, a estrutura hierárquica é organizada em forma de pirâmide, com níveis de gerenciamento estratificados, subordinados por linhas horizontais distintas. As atividades de trabalho são divididas funcionalmente por especialidades e disciplinas.

Organização força-tarefa. Na organização força-tarefa, os recursos humanos reunidos para uma equipe de projeto estão amplamente separados de outros grupos de pessoal da empresa. O gerenciamento centralizado dirige os esforços do projeto.

Organização matricial. A organização matricial é uma estrutura híbrida, com o objetivo de otimizar forças e minimizar fraquezas tanto da estrutura funcional quanto da estrutura força-tarefa.

Uma organização projetada de forma apropriada pode ser aplaudida como um importante contribuinte para o sucesso do projeto. Estabelecer a própria estrutura é apenas uma parte do projeto da organização, mas é a parte crucial. Uma estrutura organizacional desempenha as seguintes funções-chave:

- Quando revelada, depois de ter sido modelada para necessidades específicas, representa um "chute inicial" psicológico, indicando que o projeto pode mover-se adiante com um movimento rápido.
- Ela estabelece formalmente relacionamentos entre os membros da equipe do projeto e outros.
- Ela mapeia de forma implícita ou explícita as atividades de trabalho.

A chave para um projeto organizacional bem-sucedido é compreender que a maioria da interação do projeto ocorre através de pessoas, não através de sistemas ou coisas. São as pessoas que fazem a organização andar e que fazem com que coisas importantes aconteçam. Um projeto deve ser organizado de forma a otimizar a interação humana necessária a fim de realizar as atividades necessárias para atingir as metas finais. Porém a culpa por falhas no projeto pode não estar apenas na estrutura organizacional. A falta de atenção aos fundamentos de gerenciamento ou a aplicação imprópria destes, tais como estratégias, planejamento e controle do projeto, programas de motivação e habilidades de comunicação, podem contribuir para diminuir a produtividade ou levar ao fracasso.

➤ A Organização funcional

A organização hierárquica ou funcional é um resultado da burocracia clássica. Max Weber, o renomado campeão dessa forma de gerenciamento, afirmou que a burocracia, como sinônimo de "hierarquia" ou "estrutura funcional", é tecnicamente superior a todas as outras formas de organização e é indispensável para empreendimentos grandes e complexos. A Figura 3.1 apresenta esse tipo de organização.

A hierarquia tenta ser racional, eficiente e profissional ao estabelecer relacionamentos fixos de autoridade e esferas definidas de competência. Ela oferece uma autoridade claramente definida, uma forte disciplina e um conjunto que gera competência técnica. Para muitas organizações em andamento e algumas situações de projeto, a organização funcional é bastante apropriada. A falta de flexibilidade da hierarquia pode ser uma qualidade em certas situações.

Mas determinados projetos multidisciplinares precisam ser realizados em curto espaço de tempo, e dentro dos orçamentos predeterminados a organização funcional é por vezes inadequada. Trabalhar com multiespecialidades exige uma forma horizontal de coordenação – uma característica muito distante das burocracias verticalmente orientadas, embora a falta de flexibilidade lateral não signifique que as organizações funcionais sejam totalmente inúteis para gerenciar projetos.

➢ Organização força-tarefa

A organização força-tarefa tem sido denominada gerenciamento "puro" de projeto. É um esforço de equipe criado especificamente para alcançar o objetivo ou missão do projeto. O gerente não é sobrecarregado com amarras funcionais e assume uma posição de prestígio, autoridade e responsabilidade.

Ao assinar a Lei 2.874, o presidente Juscelino Kubitschek, no artigo 2º dessa lei, "autorizava o Poder Executivo a tomar inúmeras providências para ace-

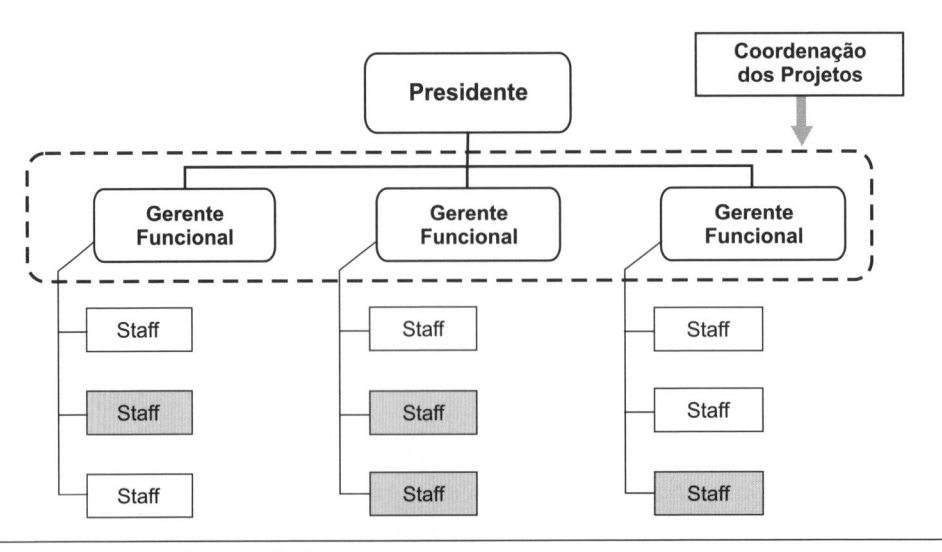

Figura 3-1. Organização hierárquica ou funcional

lerar a construção da nova cidade, inclusive a de constituir uma sociedade que se denominaria Companhia Urbanizadora da Nova Capital do Brasil". E o artigo 3° determinava como atribuições dela o "planejamento e execução do serviço de localização, urbanização e construção da futura capital, diretamente ou através de órgãos da administração federal, estadual e municipal ou de empresas idôneas com as quais contratar". Ou seja, ao formar a Novacap, sigla pela qual a companhia ficou conhecida, Juscelino criou um projeto sob forma de força-tarefa para a construção de Brasília.

Para muitos a força-tarefa parece ser a forma ideal de gerenciar projetos, e é geralmente mencionada como a forma "projetizada" de organização. Ela é direcionada para tarefas, direcionada para a equipe, livre das restrições impostas pela organização externa e protegida dos conflitos externos. Essas vantagens tornam a força-tarefa uma forte preferência para muitos gerentes de projeto.

Contudo, a força-tarefa traz consigo algumas importantes desvantagens. A mobilização e a desmobilização de pessoal são uma importante dificuldade, pois a natureza do trabalho é temporária. De onde as pessoas vêm? Para onde irão quando terminar o projeto? A experiência técnica é difícil de manter em estruturas projetizadas, pois especialistas qualificados podem desistir de alocações temporárias em projetos em favor de posições mais permanentes em arranjos funcionais. Além disso, seus custos podem parecer mais altos se comparados com aqueles modos alternativos organizacionais, nos quais os custos estão incluídos nas despesas gerais.

Tanto a organização funcional quanto a força-tarefa possuem desvantagens quando aplicadas ao trabalho em projeto. Tentativas têm sido feitas para

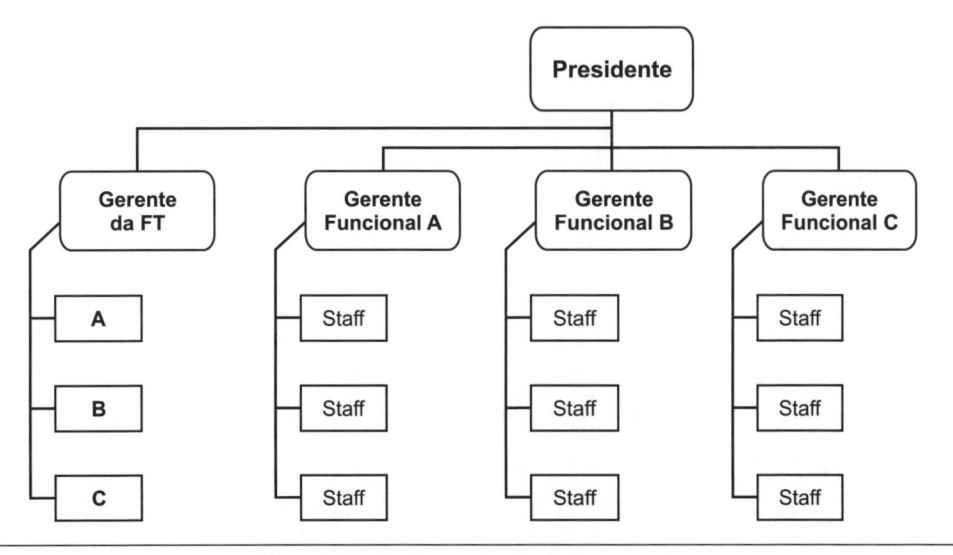

FIGURA 3-2. Organização força-tarefa

maximizar os pontos fortes das duas estruturas organizacionais e minimizar os pontos fracos. Esses esforços têm resultado no desenvolvimento de outro tipo de organização – a controversa organização matricial.

➤ Organização matricial

Estruturas que são puramente funcionais ou puramente projetizadas estão sendo menos utilizadas, e dando lugar a organizações representando algum tipo de formação matricial. Ao passo que essas organizações frequentemente possuem um colorido funcional ou de projeto, está sempre presente a rede interligada de relacionamentos e responsabilidades, característica da filosofia matricial. A Figura 3-3 mostra de uma forma simplificada como uma estrutura matricial típica existe para um projeto de fabricação.

A ampla variedade de combinações de matriz encontradas no mundo dos negócios reflete as peculiaridades individuais da empresa, diferenças culturais e fases específicas de desenvolvimento organizacional. Algumas organizações matriciais desenvolvem-se naturalmente de acordo com o tipo de trabalho ou a natureza das pessoas envolvidas. Outras organizações tornam-se matriz quando uma outra abordagem utilizada torna-se inadequada. Outras podem estabelecer a matriz como uma tentativa de permanecer na vanguarda dos avanços gerenciais no desenvolvimento organizacional.

A maioria das organizações contém alguns dos ingredientes necessários para uma estrutura matricial. Algumas organizações se movem lentamente

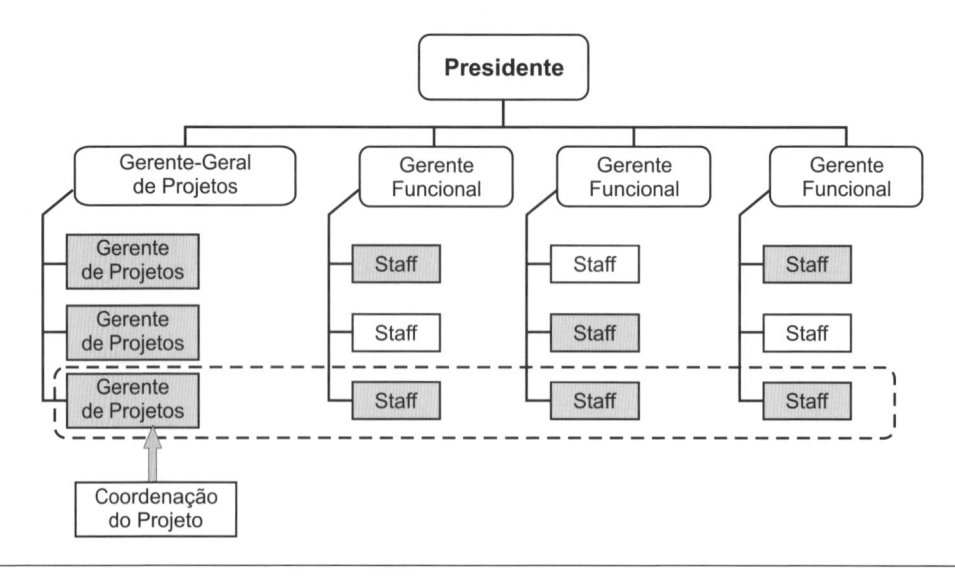

Figura 3-3. Organização matricial

com canais informais de comunicação e processos participativos de tomada de decisão. Outras são operações firmemente executadas nas quais as informações, pessoas e coisas se movem e interagem apenas conforme determinado por sistemas, padrões e procedimentos totalmente fechados. E, ainda, outras organizações são formas híbridas que contêm a matéria-prima para uma estável operação matriz – assim como um corpo de blocos instáveis capazes de tornar inoperável a coisa toda.

Empresas onde há pressão para uso de recursos compartilhados optam quase sempre pela forma matricial, que é mais eficiente em termos de recursos do que, por exemplo, um grupo de numerosas estruturas independentes de projeto, que evidentemente resultarão em redundâncias. O efeito positivo do uso de matriz pode ser suficiente para contrabalançar as dificuldades de lidar com conflitos, típicos dessa forma de organização.

A Figura 3-4 apresenta um contínuo organizacional e mostra que organizações de projeto "puro", matriz e funcional representam pontos distintos dentro de um infinito número de possibilidades organizacionais. A área sombreada representa a percentagem do projeto que é feita por pessoas externas ao departamento. Na realidade, as formas específicas discutidas são meramente pontos de referência para uma grande gama de estruturas intermediárias, encontradas na prática real.

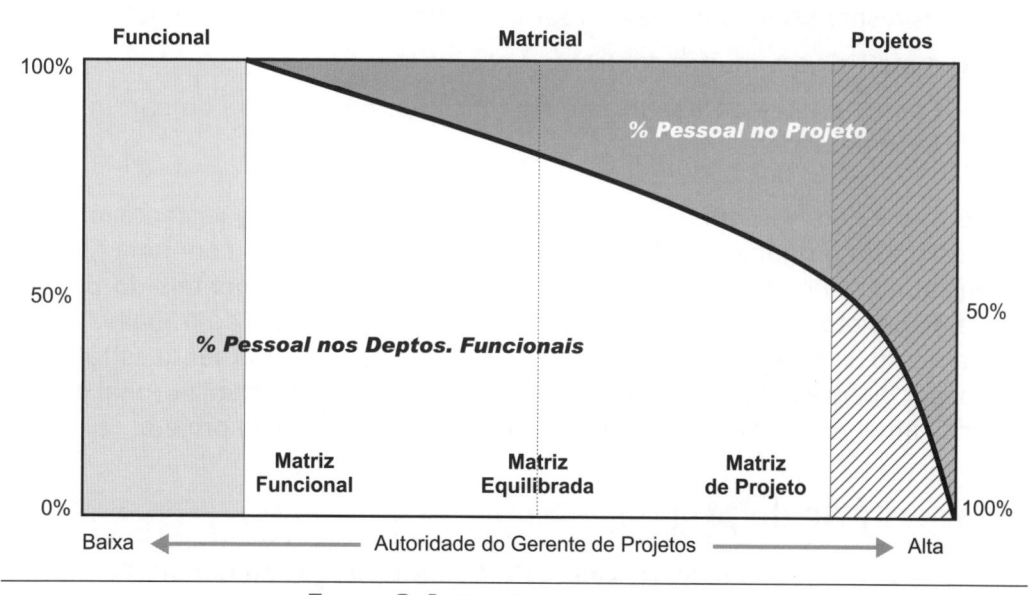

Figura 3-4. Contínuo organizacional

➢ Que organização devo usar?

Estes são alguns dos comentários dos gerentes sobre situações ou problemas em estruturas existentes que indicam quando uma matriz pode apresentar uma solução possível:

- o modo como estamos fazendo as coisas não está funcionando;
- estamos presos em um enorme engarrafamento – as coisas não se movem;
- nosso pessoal técnico não tem força suficiente;
- precisamos reconciliar requisitos técnicos, que levam muito tempo, com o imperativo de conseguir ter o trabalho feito conforme a programação;
- as pessoas estão sempre escrevendo cartas e memorandos – nós precisamos de uma abordagem menos formal;
- estamos cercados de rotina.

Aqui estão comentários de gerentes que apontam porque pode não ser prudente mudar para a matriz:

- do jeito que nós fazemos agora está bom;
- é assim que nós sempre fizemos;
- a matriz é complexa demais para nós;
- é muito confuso descobrir quem é o responsável;
- algumas atividades serão duplicadas em um arranjo matriz;
- as responsabilidades devem ser claramente definidas em projetos;
- a matriz gera muitos conflitos;
- nossos chefes do departamento funcional nunca irão compartilhar sua base de poder.

O fato é que a escolha de uma organização de projeto requer tanto fornecer uma estrutura organizacional básica quanto complementá-la com uma filosofia gerencial estratégica adequada às necessidades comportamentais do pessoal chave do projeto. Estruturar uma organização é apenas parte do trabalho no gerenciamento de projetos. Planejar os movimentos do gerenciamento estratégico e fornecer integração e interface ativa faz parte do projeto organizacional e deve especificamente abordar o lado pessoal do gerenciamento de projeto.

➢ Escritório de projetos

Para se adaptar às mudanças, criar seu futuro e se tornarem mais competitivas as empresas lançam novos produtos, implantam novos processos focados em aumento de receita, melhoria de produtividade e redução de tempo e custos. O conjunto das iniciativas de uma empresa representa o portfolio de projetos da organização. No entanto, pesquisas recentes apontam que mesmo em áreas onde já existem práticas desenvolvidas de gerenciamento de projetos, como tecnologia da informação, os resultados dos projetos são ainda preocupantes, pois somente 34% dos projetos têm sucesso e 15% dos projetos são cancelados antes mesmo de seu término. As perdas com projetos executados de forma inadequada somente na área de TI nos EUA é estimada em US$55 bilhões ao ano, representando prejuízos significativos para os acionistas. Aprimorar o gerenciamento de projetos de forma organizada e estruturada passa a ser fundamental para a melhoria dos resultados empresariais.

O estabelecimento de escritórios de projetos (Project Management Office – PMO) vem sendo considerado um instrumento para acelerar os benefícios do gerenciamento de projetos nas organizações. Pesquisas do Gartner Group preveem que as organizações que estabelecerem padrões para o gerenciamento de projetos, incluindo a criação de um PMO, melhorarão em 50% sua performance de projetos em termos de tempo, qualidade e custos quando comparadas as organizações que não possuem um PMO. Uma pesquisa da *CIO Insight Magazine 2004* mostra que 86% das empresas que implantaram um PMO declararam que seu desempenho em projetos melhorou. A publicação *Computer Economics* pesquisou grandes e médias empresas nos EUA e constatou que 44% dessas empresas já desenvolvem estratégias corporativas formais para seus PMOs. Acompanhando essa tendência mundial, pesquisas recentes no Brasil mostram que 37% das empresas estão em processo de implantação de PMOs.

Os fatos acima podem representar uma grande oportunidade, e as empresas que aprimorarem suas práticas de gerenciamento de projetos mais rapidamente, incluindo a criação de um PMO, aumentarão sua capacidade de implementar iniciativas com maior rapidez, qualidade e custos menores. Mas a implantação de um escritório de projetos exige cuidado com alguns aspectos importantes sob a ótica de recursos humanos.

➢ Definição conforme o Guia *PMBOK*®

De acordo com o Guia *PMBOK* 4ª edição, um escritório de projetos é "um corpo ou entidade organizacional a qual são atribuídas várias responsabilidades relacionadas ao gerenciamento centralizado e coordenado dos projetos sob seu domínio. As responsabilidades de um escritório de projetos podem variar desde o fornecimento de funções de suporte ao gerenciamento de projetos, até o gerenciamento direto de um projeto".

O livro *Transformando Estratégias Empresariais em Resultados* de Paul Dinsmore classifica as diversas formas de escritório de projetos, que variam de acordo com as necessidades da organização. A modalidade de Escritório de Apoio a Projetos (Project Support Office) fornece serviços a um ou mais projetos simultaneamente. Os serviços podem incluir desde apoio técnico e administrativo incluindo suporte no gerenciamento da documentação, ferramentas de gerenciamento de projetos a auditoras do projeto. O escritório de projetos contribui para o sucesso do projeto, mas a responsabilidade pelo sucesso do projetos reside nos gerentes de projetos que utilizam os serviços do escritório.

➢ Escritório de Projetos e Estrutura Organizacional

Um outro aspecto importante do ponto de vista de recursos humanos é em termos da localização do escritório de projetos na estrutura organizacional da empresa conforme indicado na Figura 3.5.

No nível 1 o escritório de projetos geralmente é focado e atende ou gerencia um projeto específico e complexo como o exemplo o projeto do Ano 2000 (Y2k). No nível 2, de divisão ou departamento, o escritório de projeto fornece apoio a diversos projetos. Neste caso o desafio muda de dimensão e passa a ser o de apoiar iniciativas de diversos tamanhos, com prioridades, prazos e demanda de recursos diferentes. Se examinarmos resultados da pesquisa de Thamhain e Wilemon, as fontes potenciais de conflito em projeto são justamente prazos, prioridades e recursos. No caso do escritório no nível 2 a complexidade aumenta exponencialmente, pois os diversos projetos apoiados pelo escritório estão em fase diferentes do ciclo de vida do gerenciamento do projeto, fazendo variar e colidir as próprias fontes de conflito. Esta situação é agravada pelo

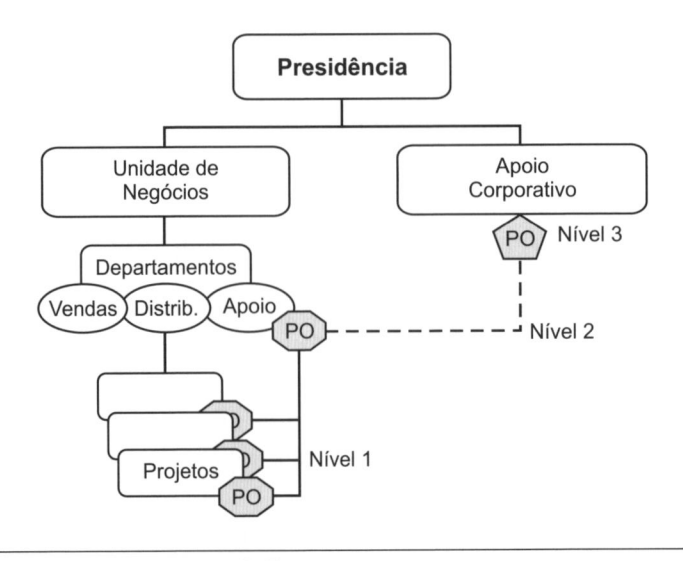

Figura 3-5. Escritório de projetos

fato que no nível 2 o escritório de projetos não tem autoridade para priorizar recursos e projetos do ponto de vista corporativo. Administrar expectativas e conflitos, assim como influenciar sem autoridade, aumenta de importância neste nível. Apoio executivo que, segundo o Standish Group, está entre os primeiros fatores que determinam o sucesso ou fracasso de projetos neste nível. No nível 3, o estratégico ou corporativo, aspectos políticos aumentam em função de fatores como visibilidade e poder na organização. A posição de relevância do escritório de projetos na organização pode se transformar em alvo, o que faz com que o apoio executivo neste nível seja fundamental e decisivo para o sucesso de projetos.

Implantar um PMO representa implantar uma mudança cultural na organização. Escritórios de projeto representam um novo corpo na estrutura organizacional, mas sem autoridade formal estabelecida. E apoio executivo é fundamental, assim como saber lidar com influência sem autoridade, administração de expectativas, resistência, conflitos e aspectos políticos.

Capítulo 4

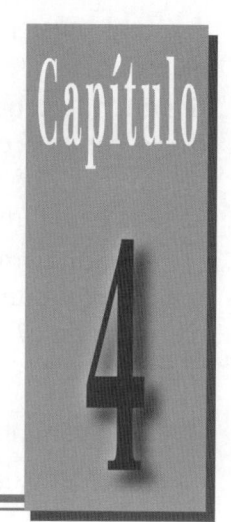

Planejamento e Estratégia

➤ A função planejamento

"Se alguma coisa pode dar errado, dará", a afirmativa básica da Lei de Murphy, é confirmada por sua popularidade e aceitação universal. Esta "lei" possui dois aspectos que podem contribuir para sua popularidade. Quando as coisas geralmente dão errado, há alguma consolação em saber que uma "lei" disse que isso estava fadado a acontecer de qualquer maneira, e que uma melhor abordagem ou uma solução inventiva não teria ajudado, pois o resultado é um infeliz e predeterminado acaso do destino. Mas olhando de maneira mais objetiva, a Lei de Murphy claramente chama atenção para a necessidade de se evitarem problemas em potencial. "Se alguma coisa pode dar errado..." nos alerta para a importância de antecipar e prevenir problemas, que é o tema deste capítulo. A "lei" implica que problemas podem ser evitados ao nos assegurarmos de que as coisas *não podem* dar errado. Embora nenhuma solução seja imune a falhas, a probabilidade de falhas pode ser reduzida através de planejamento, programação e controle adequados.

Se você não sabe para onde está indo, como é que vai chegar lá? Saber o seu destino antes de começar uma jornada é como abrir a boca antes de tomar café, ou tirar os sapatos antes de tirar as meias. Saber onde você está indo envolve mapear a jornada antes que ela comece, e planejamento significa pensar sobre a viagem antes que ela aconteça, para manter-se livre de problemas em potencial.

Os especialistas em gerenciamento concordam que o planejamento deve ser a maior parte do trabalho de um gerente, mas não existe um consenso sobre em que consiste exatamente essa tarefa de planejamento. A visão utilizada neste capítulo descreve o planejamento como o resultado das atividades que visam o estabelecimento de metas, a criação de políticas e a criação de bases sólidas e documentadas para a tomada de decisões.

O planejamento de projetos serve a qual função? O que se espera que ele realize? Por que as equipes de projeto devem passar por demoradas etapas de planejamento? Aqui estão algumas respostas clássicas que apoiam a função do planejamento:

- o caminho crítico é determinado;
- as atividades de interface são definidas;
- os recursos são estimados;
- as programações são determinadas;
- os custos estão relacionados à programação;
- os sistemas de controle estão em consonância com os planos.

Estas razões justificam a respeitada posição da função planejamento em projetos grandes e complicados. O planejamento produz uma fotografia das atividades necessárias para realizar o serviço. Se o plano é sólido e é seguido à risca, aumenta substancialmente a probabilidade de se completar o projeto de forma bem-sucedida.

➤ Planejamento *versus* plano

O planejamento é uma maneira de ter as coisas feitas e não um fim em si mesmo; o processo de planejamento é tão importante quanto o produto que ele origina: um plano. Um processo eficaz de planejamento não apenas estabelece o que será executado durante a implantação do projeto mas também facilita o caminho para fazer isso acontecer. Ele lança um alerta sobre as necessidades do projeto e ao mesmo tempo pavimenta o caminho para alcançar essas necessidades. A sinergia ou efeito multiplicador criado por um planejamento participativo corresponde ao gerado por uma metodologia consciente de tomada de decisões.

Se o planejamento é compreendido como um veículo para levar as pessoas a cooperarem para alcançar objetivos, realizado em conjunto clareia os canais de comunicação e obriga os participantes a "assiná-lo". A comunicação e o compromisso, estimulados durante a fase de planejamento participativo, levam à implementação. Em outras palavras, quando os planos são elaborados por aqueles que irão realizá-los, os níveis de desempenho podem crescer conforme os participantes trabalham em tarefas com as quais se comprometeram anteriormente. A interação dinâmica entre participantes durante o planejamento permite o aumento da sinergia, e uma falta de interação pode fazer com que os planos sejam ignorados, malcompreendidos ou sabotados. Por isso, um processo de planejamento eficaz faz com que:

- seja estabelecida uma base comum para a comunicação no projeto;
- o pessoal do projeto se torne mais envolvido e comprometido.

É necessária a participação dos gerentes no processo de planejamento – gestores graduados devem se envolver no planejamento de atividades pelas quais, afinal, são responsáveis, e sua participação ajuda a diminuir a perda de produtividade que resulta quando "planejadores planejam e executores executam". Bernard M. Bass afirma que quando os papéis de planejamento e implementação não são realizados pelas mesmas pessoas, podem ocorrer os problemas ou condições abaixo listadas:

- tende-se a questionar a validade do plano de uma outra pessoa (desconfiança de que o plano possa ser realizado);
- o senso de realização é menor quando se executa o plano de outra pessoa;
- há menos compromisso em ver que o plano funciona bem;
- existe menos flexibilidade e menos margem para modificações e iniciativas para fazer melhoras em um plano já determinado;
- há menos compreensão do plano;
- os recursos humanos não são tão bem utilizados;
- existem mais problemas de comunicação e consequentemente mais erros e distorções em seguir as instruções;
- há sentimentos competitivos surgidos entre planejadores e executores, de tal forma que parece que o primeiro "ganha" e o último "perde".

Problemas de comportamento, tais como falta de compromisso, má compreensão e falta de clareza na comunicação aparecem bastante na lista, e de fato, todos os itens acima são problemas comportamentais. O por vezes demorado processo de planejamento deve trabalhar sempre o lado comportamental do gerenciamento de projetos.

Em contraposição com a abordagem participativa voltada para o comportamento, alguns gerentes de projeto adotam uma filosofia de planejamento denominada planejamento tecnocrático. Na escola tecnocrata, os participantes estão preocupados com o plano em si, e a implementação é uma tarefa para outros que irão realizar o trabalho. A ênfase é dada em surgir com a resposta certa. O planejamento é feito por planejadores, com pouca ajuda dos executores, responsáveis pela implementação do projeto.

Estas duas escolas, aparentemente conflitantes, são na verdade metodologias complementares. Assim como duas mãos friccionadas geram calor e energia, juntar preocupação com o próprio plano (planejamento tecnocrático) e otimização dos benefícios comportamentais do processo (planejamento direcionado para pessoas) irá produzir tanto planos sólidos quanto compromissos para realizá-los.

➢ Abordagens pessoais para planejamento

Gerentes e membros da equipe de projetos fazem o planejamento dependendo de suas posturas pessoais sobre planejamento. George A. Steiner cita o que chama de posturas alternativas de planejamento:

- *planejamento intuitivo-antecipatório:* mapear esquemas para executar futuras atividades baseando-se em *insights* ou intuições.
- *planejamento estratégico formal:* planejar um programa de acordo com procedimentos fixos, utilizando uma forma escrita detalhada.
- *solução informal de problemas do dia a dia:* planejamento a curto prazo, no qual os problemas são avaliados conforme ocorrem.
- *planejamento empresarial oportunista:* focado em identificar e explorar oportunidades que envolvem incerteza e risco.
- *incremental "alcançar o objetivo de algum jeito":* uma abordagem reativa ao planejamento, do tipo "esperar para ver" e ajustar imperfeições existentes, ao invés de usar o mapeamento para atingir novas metas.
- *abordagem adaptativa:* inicia-se através de uma postura estratégica que é modificada por sucessivas decisões, sendo a estratégia básica refinada e ajustada de acordo com o desenrolar dos acontecimentos.

No trabalho com projetos, assim como em outros tipos de negócios, nenhum processo de planejamento é utilizado sozinho. Uma filosofia pode ser predominante, mas há outras entre os indivíduos e subgrupos. Uma "lacuna de filosofia" representa uma importante dificuldade de planejamento. Alguns gerentes preferem o planejamento intuitivo como forma de organizar pensamentos para o futuro. Outros não aceitariam utilizar qualquer coisa fora de um plano escrito detalhado. E, para completar o problema, Russell D. Archibald diz que "... a maior parte das pessoas não gosta de planejar abertamente em harmonia com outras. O trabalho criativo é difícil. Ele é revelador e a maioria das pessoas não gosta de deixar a essência de sua técnica ou negócio exposta para ser vista e mal utilizada por outras".

➤ Reunindo e avaliando a informação

Como a mente dos gerentes assimila e organiza as informações e como eles avaliam isso tem uma forte influência no planejamento. Os especialistas sugerem a existência de dois tipos básicos de processos de pensamento utilizados para reunirmos informações: o perceptivo e o receptivo. Na abordagem perceptiva, aquele que as reúne busca uma forma de relacionar os dados a conceitos mentais, padrões ou sistemas existentes. Planejadores perceptivos mapeiam os dados na busca de padrões. Já planejadores receptivos são voltados para o detalhe – eles estão menos preocupados com a própria informação e tendem a não julgar até que os fatos tenham sido totalmente examinados.

Sugerem também que a informação é avaliada através de duas maneiras distintas: intuitivamente ou sistematicamente. Pensadores intuitivos examinam o material de uma forma desestruturada, procurando constantemente por soluções alternativas, evitando o compromisso até o último minuto. Pensadores sistemáticos estudam as situações de uma forma organizada e lógica. As alternativas são racionalmente avaliadas e as conclusões são defendidas com base na adequação do processo utilizado.

Os processos de pensamento das pessoas influenciam de que forma elas irão realizar o planejamento. Angariadores perceptivos e pensadores intuitivos tendem a conduzir um planejamento informal, desestruturado e evitar abordagens mais formais. Por outro lado, angariadores receptivos e avaliadores sistemáticos tendem a realizar esforços de planejamento numa base lógica, objetivando como produto final um documento formal.

Qual abordagem é a melhor? Depende. Os estudiosos das funções cerebrais dizem que o modo livre, perceptivo-intuitivo corresponde aos padrões de pensamento que ocorrem no hemisfério direito do cérebro, sede das emoções e habilidades para processar simultaneamente as informações e avaliá-las ao acaso. Essa abordagem é mais apropriada para desafios abstratos, confusos ou criativos. Já o pensamento sistemático ou lógico ocorre no hemisfério esquerdo do cérebro, onde as informações são processadas de uma maneira sequencial e ordenada. Esse padrão de pensamento é mais adequado para situações com grandes informações, que exigem uma análise estruturada.

Os especialistas dizem também que os padrões de pensamento de bons gerentes correspondem ao hemisfério direito do cérebro, enquanto planejadores eficientes pensam com o hemisfério esquerdo do cérebro. Para gerentes e planejadores que trabalham na interface entre gerenciamento e planejamento, é necessária a habilidade de transitar entre o pensamento sistemático e o intuitivo. Por exemplo, no trabalho de projeto, um plano de gerenciamento do projeto ou um plano de integração requer uma forte dose de intuição em gerenciamento, embora o pensamento sistemático também seja útil. Por outro lado, o detalhamento de uma estrutura analítica é sistemático por natureza, mas o pensamento intuitivo pode contribuir. O planejamento geralmente é realçado pela combinação dos dois estilos, com uma ênfase relativa para o modo intuitivo quando se lida com questões abstratas não quantificáveis e para a abordagem sistemática quando são indicados procedimentos e detalhe.

➢ O Termo de Abertura do Projeto – ou primeiro as coisas primeiras

Segundo o *Guia PMBOK* 4ª edição, o Termo de Abertura do Projeto é o documento que autoriza formalmente um projeto, e concede ao gerente de projetos a autoridade para aplicar os recursos organizacionais nas atividades do projeto. Um Termo de Abertura apoiado por membros-chave do projeto e por outros que influenciam o destino do projeto é fundamental para alcançar as suas metas. Este plano deve ser apresentado em um documento simples que inclua políticas, diretrizes, responsabilidades e principais eventos do projeto. Ele fornece uma estrutura para os planos mais detalhados que são desenvolvidos subsequentemente. O *Guia PMBOK* recomenda que ele contenha:

- Requisitos que satisfazem as necessidades, desejos e expectativas do cliente, do patrocinador e de outras partes interessadas.
- Necessidades de negócios, descrição de alto nível do projeto ou requisitos do produto para o qual o projeto é realizado.
- Objetivo ou justificativa do projeto.
- Gerente de projetos designado e nível de autoridade atribuída.
- Cronograma de marcos sumarizado.
- Influência das partes interessadas.
- Organizações funcionais e sua participação.
- Premissas organizacionais, ambientais e externas.
- Restrições organizacionais, ambientais e externas.
- Caso de negócios justificando o projeto, incluindo o retorno sobre o investimento.
- Orçamento sumarizado.

➢ O Plano de Gerenciamento do Projeto

Ainda segundo o *Guia PMBOK*, desenvolver o Plano de Gerenciamento do Projeto inclui as ações necessárias para definir, coordenar e integrar todos os planos auxiliares em um plano de gerenciamento do projeto. O conteúdo desse plano irá variar dependendo da área de aplicação e complexidade do projeto. Esse processo resulta em um plano de gerenciamento do projeto que é atualizado e revisado por um controle integrado de mudanças. O Plano de Gerenciamento do Projeto define como o projeto é executado, monitorado, controlado e encerrado. Esse plano inclui:

- Os processos de gerenciamento de projetos selecionados pela equipe de gerenciamento de projetos.
- O nível de implementação de cada processo selecionado.
- As descrições das ferramentas e técnicas que serão usadas para realizar esses processos.
- Como os processos selecionados serão usados para gerenciar o projeto específico, inclusive as dependências e interações entre esses processos e as entradas e saídas essenciais.
- Como o trabalho será executado para realizar os objetivos do projeto.
- Como as mudanças serão monitoradas e controladas.
- Como o gerenciamento de configuração será realizado.
- Como a integridade das linhas de base da medição de desempenho será mantida e utilizada.
- A necessidade e as técnicas de comunicação entre as partes interessadas.
- O ciclo de vida do projeto selecionado e, para projetos com várias fases, as fases associadas do projeto.
- As principais revisões de gerenciamento em relação a conteúdo, extensão e tempo para facilitar a abordagem de problemas em aberto e de decisões pendentes.

➢ Princípios essenciais

Uma cultura de planejamento é crítica para o sucesso de planejamento estratégico organizacional. Se os participantes estão em sintonia com o conceito de planejamento estratégico, o processo tende a ser mais produtivo. Cleland e King prepararam uma lista de princípios essenciais para a elaboração de planos estratégicos em projetos:

- planejadores profissionais podem facilitar um processo de planejamento, mas eles não podem fazer o planejamento sozinhos;

- atividades de planejamento devem ser realizadas pelos gerentes que irão, afinal, ser responsáveis pela implementação dos planos;
- o planejamento criativo é inerentemente uma atividade de grupo, uma vez que ele deve envolver muitas subunidades diferentes da organização e uma grande variedade de especialidades;
- o planejamento estratégico envolve muito mais do que projeções numéricas de tendências, e envolve também a seleção entre estratégias alternativas apontadas;
- o envolvimento de gerentes no planejamento estratégico deve ser mais amplo do que o geralmente encontrado numa estrutura "gerenciamento por objetivos";
- os gerentes devem estar motivados a gastar tempo no planejamento estratégico através de um sistema formal que permita sua contribuição para o processo;
- o processo de planejamento deve estabelecer bases de dados relevantes – tanto qualitativas quanto quantitativas –, o que facilita a definição e avaliação de alternativas estratégicas.

Os itens listados concluem que o planejamento estratégico é um exercício de plano gerencial criativo, realizado por um grupo de "implementadores". Auxiliados por planejadores, este grupo de "fazedores" filtra tanto os dados qualitativos quanto os quantitativos para realizar missões de planejamento altamente significativas para definição e avaliação de estratégias alternativas.

Os gerentes, mais do que os planejadores, são necessários no processo de planejamento estratégico. Se os gerentes tiverem um papel passivo no planejamento, o plano final irá refletir os valores dos técnicos de planejamento em oposição àqueles dos gerentes. Uma vez que o sucesso do projeto exige compromisso em completar o trabalho esboçado nos planos do projeto, é também necessário um envolvimento principal dos gestores do alto escalão.

➢ Planejamento, programação e controle

Os planos determinam o que deve ser feito, estabelecem a sequência das atividades e fornecem estimativas do tempo necessário para cada atividade. No caso de orçamentos, os planos também detalham quanto será gasto em cada atividade. As programações fornecem datas específicas do calendário para término de atividades e são utilizadas para monitorar o progresso de um projeto. A função controle consiste em comparar o desempenho real com os planos e programações. No caso do controle de custo, ela envolve a comparação dos custos reais e das estimativas de custos até o término com os números do orçamento original.

A tarefa de programar pode ser auxiliada por redes de comunicação e uso da informática, que podem acelerar cálculos, como o do caminho crítico ou de custos, e fornecer dados oportunos para pesar alternativas, avaliar recursos e estabelecer prioridades. As técnicas básicas utilizadas na preparação de planos, programações e controles detalhados para projetos incluem: (1) a estrutura analítica de projeto (EAP ou WBS), (2) gráficos de Gantt, (3) estabelecimento de marcos, (4) curvas S, (5) procedimentos de projeto e (6) controles de custo.

Quando se trata de planejamento, muitos pensam logo em ferramentas automatizadas (software) de controle de projetos. É inegável que sua rapidez e confiabilidade facilitam a vida do gerente de projetos, e projetos de médio e grande portes não dispensam seu uso. Mas enfatizar demais este aspecto sem levar em conta as pessoas da equipe e o comportamento humano delas pode prejudicar ou pôr a perder todo o esforço tecnológico empregado no projeto.

➤ Conclusão

O potencial de planejamento de projeto corresponde àquele de um artista olhando uma tela em branco colocada numa moldura de estúdio. Com tintas, pincéis e inspiração, o pintor pode fazer virtualmente qualquer imagem aparecer na tela. Uma verdade semelhante é preparada para planejar projetos. Com planejamento habilidoso e imaginativo, a equipe do projeto pode mapear o formato e o destino do projeto. Através do processo de planejamento, organizações podem ser modificadas e ajustadas, filosofias formadas, equipes criadas e projetos acelerados ou retardados.

Porém o planejamento de projeto eficaz não está limitado a colocar ideias e linhas em um papel. Ele requer uma abordagem participativa de forma que aqueles que vão realizar as tarefas comprometam-se a realizar o trabalho planejado. Se a abordagem participativa resulta em um consenso geral, a implementação subsequente será amplamente facilitada. Mas se os planos são obstruídos por um grupo restrito e realizados pelos outros, podem ser necessárias intervenções gerenciais intensas e fortes táticas de controle para que o serviço seja feito.

O planejamento de projeto deve começar a cuidar das questões principais do projeto e progressivamente descer na escala até os detalhes. O Termo de Abertura do Projeto e o Plano de Gerenciamento do Projeto englobam as questões principais do projeto e agem como um farol alto para guiar o projeto através de águas algumas vezes turbulentas. Sem tais guias, os projetos estão fadados a enfrentar crises repetidas – as quais são prováveis de ocorrer mesmo se forem desenvolvidos planos detalhados de implementação. Essas crises não podem ser evitadas, mas muitas vezes diminuem ou até mesmo se extinguem se os planos são feitos e utilizados corretamente.

Capítulo 5

Trabalhando as Interfaces dos Projetos

"Trabalhar as interfaces" é uma função primordial de gerenciamento de projeto. Um projeto com interfaces eficazes é um projeto bem gerenciado. Mas o gerenciamento de projeto não é sinônimo de interface. Gerenciar interfaces trata somente de assuntos limítrofes, ou seja, aqueles que estão "flutuando" entre áreas definidas de responsabilidade, e sabemos que os problemas em projetos não estão necessariamente concentrados apenas nesses pontos. No dia a dia, muitas das atividades do tipo "feijão-com-arroz" no gerenciamento de projeto tendem a ser executadas dentro de áreas específicas de responsabilidade. Tais atividades correspondem à parte "ciência" de gerenciamento de projeto, que inclui elementos-chave tais como (1) administração, (2) planejamento e programação, (3) controle de custos e (4) tarefas técnicas.

Mas na "vida real" boa parte da execução de projetos acontece em áreas de interface de atividades. A "arte" de gerenciamento de projetos, aqueles aspectos que dependem de sensibilidade, sentimento e percepção, acontecem nessas áreas de interface, e muitas ações gerenciais que possuem impacto duradouro sobre o projeto tendem a ser criadas nessas interfaces.

➢ Fazer interface não é fácil

Uma postura displicente de interfaceamento é um convite aberto para o desastre, e essa indiferença pode trazer problemas para a gerência do projeto. A equipe do projeto deve estar particularmente bem equipada para administrar conflitos e outros tipos de problemas por todo o projeto de forma proativa, olhando para a frente e utilizando uma abordagem preventiva em sua atuação. Porém, apesar de uma postura proativa, alguns problemas são inevitáveis, mesmo com a adoção de técnicas avançadas de interface.

Por exemplo, um engano na interface projeto/construção ocorrido num projeto de uma estrada de 110 km, originalmente orçado em vinte milhões de reais, acabou custando trinta milhões de reais. A estrada tinha superfície de pedras, e o consultor cuidadoso se excedeu nas especificações. Ele foi além da prática normal de pressentir os resultados finais e descreveu explicitamente os métodos a serem utilizados pela contratada. As especificações determinavam o tipo de equipamento para compactar o material básico de argila arenosa e não permitiam o uso de maquinário ou métodos alternativos. A contratada deu boas-vindas à oportunidade de transferir a responsabilidade dos seus próprios ombros para os do consultor. Embora tenha seguido meticulosamente as especificações, a contratada nunca atingiu a condensação necessária e, consequentemente, o progresso da construção não se deu como previsto na programação. Finalmente, foi permitido à contratada usar seus próprios métodos, mas isto se deu somente depois do arquivamento de inúmeras reclamações de dificuldades impostas pelo meio externo. Embora ela tenha operado com as melhores intenções, o erro de interface do consultor expôs o projeto a custos desnecessários. A prática das "melhores intenções" pode pôr a perder os esforços de interface.

➤ Tipos de interface

Existem três tipos distintos de interface:

- pessoal;
- organizacional; e
- de sistemas.

Interface pessoal. Este tipo de interface está intrinsecamente relacionado ao comportamento humano. Para lidar eficazmente com a interface, as barreiras comportamentais devem ser administradas e os limites entre os relacionamentos pessoais devem ser considerados. Coordenar essas interfaces consiste em abrandar ou fechar lacunas entre pessoas que devem se relacionar a fim de realizarem suas tarefas. Isso geralmente envolve encontrar formas de contornar ou eliminar as barreiras colocadas pelas pessoas que mostram padrões de comportamento que estão em conflito com as metas desejadas.

Interface organizacional. A interface entre organizações é realizada através de pessoas, o que faz com que a interface pessoal também esteja implícita na interface organizacional. Sua primeira intenção é transpor as lacunas ou obstáculos entre as metas organizacionais, pois empresas, departamentos e outros grupos têm, com frequência, objetivos parcialmente conflitantes. Além disso, a interface organizacional inclui construir pontes entre os estilos de gerenciamento de confronto, tais como o estilo autocrático *versus* o mais participativo.

Interface de sistemas. As interfaces de sistemas incluem interconexões físicas das partes que formam um sistema inteiro, bem como os critérios de desempenho solicitados pelos subsistemas para se integrarem com o sistema geral. Isso significa, por exemplo, que um eixo de motor deve estar fisicamente colocado e alinhado para operar eficazmente. Também significa que o motor deve possuir as características de desempenho solicitadas para fornecer a energia necessária a fim de executar a tarefa para a qual foi designado. Enquanto as interfaces de sistemas são "não pessoas" por natureza, o gerenciamento dirigido a pessoas deve assegurar que as interfaces de sistemas sejam corretamente tratadas.

➤ Fazendo a interface funcionar

Para projetar uma estrutura organizacional, as atividades devem ser segmentadas, claramente caracterizadas, e as responsabilidades, designadas. Esta segmentação requer uma definição da interface das responsabilidades com tudo mais que seja parte da estrutura organizacional. Contudo, fazer interface nem sempre é uma tarefa fácil, especialmente em organizações mal estruturadas. Nestes casos, embora certas atividades possam ser consideradas "organizadas", as áreas para interface podem não ser prontamente identificáveis. Assim, a interface é fortemente influenciada por *como, em qual extensão, e sob quais condições* as pessoas estão realmente agrupadas nas organizações.

Existem várias razões para agrupar as pessoas. Por exemplo:

- a natureza do trabalho é tal que as atividades se separam naturalmente e quase se repelem umas às outras;
- uma estrutura organizacional formal, estabelecida com base apenas numa análise objetiva de necessidades e de experiência prévia;
- a cultura da empresa determina os grupos;
- a filosofia predominante do projeto requer a formação de certos grupos isolados ou distantes.

➤ Fazendo a interface entre diferentes tipos de atividades

A filosofia de trabalho de cada entidade participante de projetos pode diferir substancialmente das de outras entidades. Na construção civil, as atividades de engenharia tendem a estar baseadas em sistemas. Os sistemas de ar condicionado devem ser concebidos e detalhados como um todo coerente, assim como os sistemas de proteção contra incêndio, água potável e controle eletromecânico. Por outro lado, compras podem ser efetuadas por item ou por pacotes. Se todos os materiais de tubulação devem ser adquiridos juntos objetivando tirar vantagem de descontos para grandes quantidades, as compras por item podem ser efetuadas com base em um composto das partes dos diversos sistemas de tubulação. Compras por atacado, por outro lado, podem coincidir com o conceito de sistemas usado em projeto. Por exemplo, um sistema de empreitada para ar condicionado pode ser um pacote principal de compras. A filosofia de construção está predominantemente relacionada a uma área física ou aparelho. A meta dos grupos de construção é trocar aparelhagens completas, embora cada aparelho, construção ou outra estrutura distinta possam ser compostos de sistemas que são comuns ao complexo geral.

Em sistemas informatizados ocorrem problemas idênticos. O profissional de TI responsável pelo contato e interface com um cliente ou uma área conhece de perto as características e os problemas dessa área ou cliente. Já o especificador ou o desenvolvedor das soluções informatizadas podem trabalhar em locais distintos ou distantes do cliente, e até serem terceirizados de uma fábrica de software. Sua atuação visa produzir a melhor solução que a informática pode entregar àquele cliente, mas o desconhecimento ou o limitado volume de informações sobre a realidade ambiental e de negócios onde o cliente trabalha pode criar soluções que irão gerar mais problemas do que soluções. Se o projeto não define as interfaces com objetividade e clareza, o produto do projeto pode ter excelente desempenho, mas frustrar os clientes que usarão o produto. O atendimento a idosos em bancos é um exemplo de como sistemas, de alta *performance* e de características inovadoras, criam problemas quase intransponíveis para pessoas da terceira idade, que não cresceram numa realidade digital e têm dificuldades de utilizar soluções que parecem lógicas para pessoas mais jovens.

A equipe de gerenciamento de projeto deve reconhecer cada filosofia de grupo e cada abordagem a fim de mediar problemas que surgem de filosofias conflitantes de trabalho. Sabendo-se que as pessoas veem as coisas, em parte, de acordo com a natureza da atividade de grupo que está sendo executada, fazer interface em projetos é fundamental.

➢ Estrutura e interface da organização formal

A interface estrutural é determinada pela configuração da organização. Por vezes é preciso deixar de lado as caixas do organograma da empresa para atingir as metas do projeto. Existem três tipos de interface estrutural:

Interface vertical. Uma coordenação de alto a baixo dos relacionamentos hierárquicos, conforme estabelecido no organograma da empresa, que envolve atividades tais como treinamento (interface para baixo) e "gerenciar o cliente e/ou chefe" (interface para cima).

Interface horizontal. A interface horizontal ou lateral consiste em coordenar atividades com os pares. A autoridade formal está ausente, embora a base relativa de poder de uma parte possa ofuscar a de outra.

Interface diagonal. Os relacionamentos diagonais raramente são mostrados nos organogramas da empresa. Eles incluem influenciar mutuamente os empregados de outras áreas da companhia (diagonal para cima) e os grupos subordinados de outras áreas e certos terceiros, tais como contratadas ou consultores do projeto (diagonal para baixo).

➢ Cultura e interface

Mais cedo ou mais tarde gerentes lidam com os problemas de interface em qualquer projeto. Os modos de interface podem ser desenvolvidos no início da vida do projeto, numa tentativa de suavizar o caminho visando um término bem-sucedido – ou eles podem ocorrer durante a vida do projeto, conforme for necessário. Se os esforços para transpor as lacunas forem diminuídos na fase inicial e na fase em andamento, nos estágios finais esses esforços acumulados de interface serão úteis ao projeto.

Sempre que a interface ocorre cedo, no meio do caminho ou tarde na vida do projeto, os esforços devem acomodar a cultura geral que permeia o projeto. No estilo japonês de gerenciamento por consenso, por exemplo, a interface *front-end* (a parte do programa que é responsável pela interface do usuário) geralmente resulta em desenvolvimento precoce ou planos detalhados projetados para facilitar implementação e manter harmonia (um estado de importância na cultura japonesa). A abordagem americana *fast-tracking*, ou seja, empurrar para a frente antes de elaborar os detalhes finais, coloca no gerenciamento um fardo pesado de interface durante a fase de implementação.

➢ Interface estática e dinâmica

Autores dividem as interfaces de projeto em duas categorias, uma representando as necessidades para interface permanente e a outra para coordenação transitória. Essas categorias são chamadas "interfaces estáticas" e "interfaces dinâmicas".

➢ Interface estática

A necessidade de interface estática se origina da própria estrutura organizacional. Tal interface é executada por grupos permanentes do projeto, os quais passam por esforços contínuos de gerenciamento. Essas obrigações devem ser sistematicamente desempenhadas a fim de se conduzir com sucesso o dia a dia, e envolve os seguintes grupos ou pessoas dentro do projeto:

Planejamento e controle. Um grupo independente que seja o centro de interface técnica e de desempenho, cujas responsabilidades incluem reunir, processar e disseminar informações que os outros necessitam para completar as tarefas do projeto.

Gerente do projeto. Como a pessoa principal da interface, o gerente do projeto é o ponto focal para o sucesso de um projeto. As principais ações de interface em geral são instigadas ou ativamente apoiadas pelo gerente do projeto.

Grupos funcionais. Grupos organizados por disciplinas ou especialidades necessitam de interface constante. Analistas de suporte, fornecedores de hardware e software, projetistas de redes e programadores, embora tenham limites definidos de atuação, geralmente ultrapassam tais limites durante todo o projeto.

Subprojetos. Nas atividades em múltiplos projetos, é necessária a interface contínua entre o grupo central do projeto e os subprojetos que constituem o complexo geral.

➤ Interface dinâmica

As interfaces dinâmicas são transitórias por natureza e surgem de obstáculos tecnológicos, organizacionais ou de programação. Elas variam de projeto para projeto. A interface dinâmica propõe diversos desafios, sendo o primeiro e o maior de todos simplesmente identificar a necessidade. Uma vez que as necessidades de interface não são constantes – elas variam em intensidade com o passar do tempo –, os requisitos devem ser prontamente detectados a fim de colocar em funcionamento os toques gerenciais necessários. A interface de projeto exige colocar a pessoa certa no lugar certo na hora certa. O terceiro desafio envolve enfocar cada necessidade de interface durante o tempo que for preciso e então se deslocar para outras exigências.

A interface dinâmica pode ser subdividida em duas categorias: (1) tecnologia de processo e (2) gerencial. A *interface dinâmica de tecnologia de processo* inclui esforços para ganhar aceitação do escopo do projeto e do projeto básico, bem como realizar coordenação de projeto/especificação, coordenação de projeto/desenvolvimento e coordenação da implantação e testes. A *interface gerencial dinâmica* engloba áreas menos técnicas embora igualmente importantes, tais como políticas gerais de terceirização, procedimentos administrativos nos contratos principais e, ainda, o grau de acompanhamento rápido (*fast-tracking*) envolvido nas fases do projeto.

➤ Princípios de gerenciamento das interfaces de projeto

Para gerenciar adequadamente as interfaces, os gerentes de projeto podem se valer dos seguintes conselhos largamente testados:

- obter aprovação sobre as necessidades mais críticas;
- definir as interfaces estáticas;
- estabelecer controles ao início do projeto;
- enfatizar a necessidade de ser flexível ao longo do projeto;
- adaptar a organização para que compreenda e coopere nas interfaces;
- gerenciar projeto, produção e implantação;
- controlar as interfaces dinâmicas.

➤ Um ciclo de vida da interface simplificado

Uma vez que as interfaces podem ser tanto estáticas e contínuas quanto dinâmicas e transitórias, a ênfase na interface varia durante todo o ciclo de vida do projeto. No início do projeto as preocupações se concentram no desenvolvimento de um plano correto, no fomento do espírito de equipe e na condução dos trabalhos para atingir os objetivos. Durante a implementação, a atenção se volta para a coordenação da rotina, para manter o espírito de grupo e para que se permaneça no curso traçado. No final do projeto, uma preocupação primordial é desenvolver um programa objetivo de desmobilização que seja sensível às necessidades de todas as partes. A Tabela 5.1 mostra um desmembramento

TABELA 5-1. Exemplo de necessidades e soluções de interface relativas às fases principais do ciclo de vida do projeto

Fase	Necessidades de interface	Soluções de interface
Começar	desenvolver de um plano correto fomentar espírito de equipe atingir os objetivos	usar planejamento participativo, gerenciamento por consenso, técnicas de formação de equipe, seminários de partida, aconselhamento intensivo em ação
Desenvolver	coordenar rotina preservar o espírito de grupo manter rota cuidar da interface dinâmica	conduzir reuniões periódicas de revisão de projeto, auditorias de projeto, revisões de projeto, reuniões frequentes de coordenação, treinamento contínuo
Encerrar	estabelecer plano objetivo de desmobilização compreender as necessidades mútuas	Conduzir desmobilização e reuniões de revisão de encerramento, entrevistar cliente e partes afetadas e preparar *checklists* de encerramento e procedimentos formais de término

simplificado das necessidades e situações de interface para cada fase principal no ciclo de vida do projeto.

➤ Monitorando necessidades de interface

Quando os projetos se desviam do curso traçado, resultando em atropelamentos e descontentamentos, as causas podem usualmente ser atribuídas a uma ou duas fontes. As funções básicas do projeto não estão sendo desempenhadas adequadamente (por exemplo, os projetistas são deficientes) ou os esforços de interface do projeto são inadequados (as fronteiras das atividades do projeto não estão sendo cruzadas). Em outras palavras, surgem problemas no desempenho de funções independentes ou na coordenação inadequada dessas funções.

É necessário um empenho de macromonitoramento para identificar os problemas antes que eles se tornam não gerenciáveis. Sistemas padrões de controle normalmente dão mais enfoque aos detalhes do que às informações algumas vezes subjetivas que também influenciam movimentos principais de gerenciamento. Para perceber o projeto maior são necessárias supervisões periódicas. Isso implica em utilizar uma abordagem não rotineira ou um evento especial para enfocar a atenção necessária nos problemas potenciais. Exemplos de eventos de supervisão projetados para formar opinião sobre o status do projeto são dados no texto a seguir.

➤ Revisões de projeto

Boas práticas de gerenciamento podem lançar uma luz reveladora nas áreas de desempenho pendente ou deficiente do projeto. Revisões de (1) viabilidade técnica, (2) engenharia do valor e (3) interpretação de projeto são métodos úteis para apontar problemas de interface.

A questão que prevalece nas *revisões de viabilidade técnica* é: "Irá funcionar?" A revisão cobre critérios de projeto e suposições técnicas e inclui verificações imediatas de detalhes e especificações. As *revisões de engenharia do valor* objetivam avaliar a eficácia de custo do projeto e incluem exercícios tais como comparar as vantagens de custo para especificar, digamos, comprar versus desenvolver software específico, ou uso de aço estrutural *versus* concreto reforçado. As *revisões de interpretação* dão enfoque à interface projeto/desenvolvimento e questionam os critérios de projeto do ponto de vista de quem constrói ou desenvolve, perguntando: "Quão eficazmente pode ser feito?" O objetivo é determinar se, fazendo ajustes aceitáveis no projeto, podem ser reduzidos tempos e custos.

➢ Auditorias da situação

Uma boa maneira do gerenciamento ter controle sobre um projeto é através de uma auditoria da situação. A auditoria de gerenciamento do projeto é um exercício completo, que localiza e aponta fatos e que se propõe a descobrir informações e examinar o progresso do projeto. Como em outras auditorias, o objetivo é avaliar o status das operações em andamento. Tais auditorias são feitas quando necessárias para identificar problemas que requerem revisão e ajuste no nível estratégico.

Enquanto os procedimentos podem variar de projeto para projeto, os princípios a seguir geralmente são aplicáveis a auditorias de um grande projeto:

- α duração da auditoria é de um a três dias;
- é realizada por pessoal de nível sênior não diretamente envolvido no projeto;
- o objetivo é apontar e corrigir as principais áreas problemáticas a fim de reverter tendências negativas do projeto;
- o desempenho de cada área de atividade é analisado junto com as interfaces correspondentes.

O objetivo da auditoria é revelar o status verdadeiro do projeto, e não coletar evidências para identificar e incriminar culpados de terem falhado em atingir as metas do projeto. Essa forma de atuação, se comunicada adequadamente, ajuda a derrubar posturas defensivas de alguns membros da equipe do projeto. Alguns alvos potencialmente úteis para auditorias de projeto são os planos detalhados, procedimentos de controle, equipe do projeto, interfaces externas e internas, relacionamentos com terceiros, contratados e fornecedores e práticas contábeis e fiscais.

➢ Revisões periódicas

A revisão periódica é uma variação da auditoria de desempenho, é programada com antecedência e realizada regularmente. Dependendo do tamanho e da complexidade do projeto, ela pode ser realizada quinzenalmente, todo mês ou com outros intervalos de tempo, e deve ser conduzida por um grupo de alto nível. A auditoria deve atingir os seguintes objetivos:

- cobrar periodicamente o gerente do projeto, responsável formal pelo projeto;
- dar ao gerente do projeto uma oportunidade de ser ouvido pelos executivos de alto nível que estão direta ou indiretamente envolvidos no projeto;

- permitir aos gerentes de projeto trocarem ideias com executivos da empresa sobre políticas de projeto e falhas primordiais de interface.

➢ Passos finais

Os seguintes itens de ação são importantes para o gerente de projetos assegurar um empenho integrado do projeto:

- atualizar continuamente o plano do projeto;
- manter atualizados e integrados a estrutura analítica, a programação e o orçamento;
- resolver situações de conflito;
- definir prioridades;
- resolver problemas surgidos com *stakeholders*;
- manter permanente comunicação com áreas de interfaces críticas.

Uma vez que a interface é mais comportamental e menos científica, estabelecer regras definidas, fixas e invariáveis nem sempre ajuda. Assim como os artistas criam através de processos únicos e misteriosos, os gerentes de projeto integram pessoas e empreendimentos utilizando algumas vezes técnicas nebulosas e oblíquas. Essa integração é essencial, e pode ser feita não convencionalmente ou usando regras, mas os projetos devem estar integrados às metas prescritas para serem atingidas. Aqui estão alguns princípios gerais aplicáveis para atingir essa integração através da interface de projeto:

- aprender como o cliente e/ou a alta administração se sente sobre o projeto, quais são as suas visões e quais as suas pretensões;
- começar o projeto com uma abordagem de planejamento participativa;
- desenvolver um plano formal de integração que inclua técnicas tais como *workshops* de integração, esforços de treinamento e sessões de aconselhamento;
- apontar áreas primordiais que necessitam de interface e designar responsabilidades para os indivíduos monitorarem aqueles esforços;
- programar inspeções gerais periódicas do projeto, auditorias de gerenciamento e reuniões rotineiras de coordenação.

Pode ser que nenhum indivíduo possua a autoridade necessária para fazer interface em todas as atividades do projeto, mas o esforço de equipe para transpor as fronteiras através de um bom interfaceamento pode resultar em benefícios tangíveis de imediato e com reflexos duradouros no projeto.

Capítulo 6

Utilizando o Tempo Gerencial

➤ Nunca existe tempo suficiente no dia

O lamento do atormentado gerente de projetos ecoa por todo o escritório:

"Se o dia tivesse trinta e seis horas, eu realmente poderia chegar no topo das coisas!"

O gerente de projetos é provavelmente o indivíduo mais procurado, pois ele é o centro do projeto: uma lista sem-fim das atividades dos subordinados converge para esse centro, inclusive planos, engenharia de projeto, compras, implementação, planejamento, programação e sistemas de logística e apoio. O gerente de projetos também é solicitado pelo cliente, agências governamentais reguladoras, consultores especiais, agentes financeiros, parceiros de consórcios, autoridades locais e qualquer um que queira negociar com a "pessoa responsável".

Os gerentes de projetos e os membros da equipe do projeto tendem a ser, por natureza, altamente eficazes, indivíduos objetivos com currículos que demonstram realização – de outra forma, eles estariam trabalhando em outros campos. Mas mesmo os mais eficazes gerentes de projetos podem otimizar resultados revendo seus programas de gerenciamento do tempo. Na maioria dos casos, uma análise preliminar revela que, com alguns ajustes, o gerente pode produzir mais e gastar consideravelmente menos esforço. Essa forma de otimização em geral é denominada "trabalhando com mais esperteza".

Este capítulo estabelece diretrizes para gerenciar o recurso mais fundamental dos membros da equipe do projeto – seu próprio tempo. O gerenciamento do tempo é explorado partindo da perspectiva do gerente do projeto e inclui filosofias básicas sobre tempo, avaliação dos hábitos atuais do gerente do projeto, sugestões para desligar os principais estranguladores e recomendações para melhorar as abordagens e práticas de gerenciamento do tempo.

➤ Tempo linear *versus* tempo natural

A invenção dos dispositivos de medida do tempo criou o conceito de tempo linear e o que pode ser chamado nos tempos modernos de "vivendo através do relógio". O tempo linear é contrário ao tempo natural, o qual é instintivo e governado pelas oscilações da natureza e pelos marcos sociais e biológicos da vida. Com o advento da era industrial, a necessidade por mais produção com menos custo incentivou um desejo de aumentar produtividade, a qual pode ser mensurada pelo número de unidades produzidas num dado período de tempo.

O gerenciamento de projeto dos dias atuais é uma consequência natural da era industrial e seu mecanicismo, mas também dos novos valores originados no período pós-industrial como qualidade de vida pessoal e automação, e reflete a preocupação de se ter, além de prazos cumpridos, qualidade para o trabalho e as pessoas. Muitas vezes o gerente de projetos pode sentir que o desafio é insuperável. Dados os obstáculos de tempo, qualidade, custo e ambiente político, ele encara uma barreira diária de ambiguidades e tarefas consideradas "impossíveis". Conforme o cronômetro faz tique-taque, as horas do dia parecem encolher, a crise aumenta e as pessoas e o telefone clamam por alguns momentos do seu tempo. As práticas de gerenciamento do tempo desses gerentes têm efeitos de longo alcance, ora no ritmo para o pessoal do projeto, ora na habilidade de estabelecer e atingir metas e diretrizes e alcançar alta produtividade. Atitudes nas reuniões, manuseio da papelada e interrupções podem melhorar ou causar sérios danos no andamento de projetos.

A maior parte dos gerentes de projetos não é abençoada com habilidades "mágicas" e descobre que eliminar sistematicamente os principais estranguladores de tempo e rearrumar as prioridades diárias pode desencadear um aumento no resultado do projeto. Aprimorando seus talentos profissionais, podem impulsionar consideravelmente a produtividade, prestando atenção a dicas simples tiradas da literatura sobre gerenciamento do tempo do executivo. Os resultados da pesquisa citada a seguir mostram preocupação existente com relação à necessidade de melhorar as práticas de gerenciamento do tempo.

➤ A pesquisa

Num encontro do Project Management Institute foram distribuídos questionários sobre o tema tempo. O grupo mencionou um dia médio de trabalho com mais de nove horas, em que as reuniões eram os maiores consumidores de tempo, tomando perto duas horas por dia. O dia de trabalho era distribuído também entre itens como a seguir:

- papelada de rotina;
- conversas ao telefone;
- concentração com porta fechada para planejamento, análise e controle;
- discussões, entrevistas ou sessões de aconselhamento individual;
- café, bate-papos, paradas para descanso;
- almoços de negócios que se estendem além dos períodos normais de almoço;
- conversas e interrupções consumidoras de tempo;
- viagens;
- leitura de assuntos profissionais.

Solicitados a identificar os itens que representavam as mais sérias causas de problemas de gerenciamento do tempo, eles indicaram os seguintes, listados por ordem de importância:

- dificuldade de dizer não;
- falta de autodisciplina;
- falta de consciência na organização do tempo;
- empregados nem sempre competentes;
- burocracia excessiva na organização;
- utilização ineficaz de secretárias ou assistentes;
- tendência para centralizar mais e delegar menos.

Foram dadas aos respondentes cinco soluções para o problema de lidar com uma carga elevada de trabalho e foi solicitado que as arrumassem em ordem de eficácia, começando pela que eles considerassem a melhor. Os resultados foram:

- delegar mais (envolver outros);
- eliminar alguns itens de trabalho menos necessários;
- deixar as coisas atrasarem;
- trabalhar mais horas e mais arduamente;
- planejar as atividades diárias.

A pesquisa mostrou que os participantes compareciam a mais de seis reuniões por semana, e nessas reuniões uma média de 25 por cento do tempo era gasto em brincadeiras na hora errada, reclamações generalizadas, pedidos para causas desagradáveis e outras atividades improdutivas.

➢ Barreiras do tempo

Importantes barreiras do tempo dominam muitos dias dos gerentes:

- e-mails e correspondências que devem ser lidos e resolvidos;
- reuniões programadas ou não;
- despachos individuais para resolução de problemas ou aconselhamento;
- chamadas telefônicas, recebidas ou feitas.

Ganhar tempo significa manter o olho fixo em cada fator consumidor de tempo, num esforço de varrer para longe impulsos gastadores e exterminadores de tempo. São fornecidos a seguir alguns indicadores para retirar minutos preciosos dos principais consumidores de tempo:

- pergunte a si mesmo se você realmente precisa responder todos os e-mails que recebe, ou ver toda aquela papelada e correspondência que chega diariamente no seu computador ou na sua mesa;
- discipline suas reuniões objetivando resultados mais eficazes em menos tempo (veja mais sobre reuniões no capítulo 13 deste livro);
- determine quanto tempo você tem para escutar cada um, para resolução de problemas e aconselhamento; racionalize, então, seu tempo de acordo;
- estabeleça um código de conduta para o telefone;
- aprenda a ser sintético, a não falar mais do que deve, a ser mais objetivo e direto;
- determine um tempo diário para se isolar e pensar estrategicamente.

As dicas citadas sugerem que um dia de trabalho do gerente pode ser otimizado simplesmente limitando o tempo gasto com e-mails e papelada, reuniões, contatos individuais e conversas ao telefone. Essas são soluções clássicas de gerenciamento do tempo, que também são aplicáveis no mundo de gerenciamento de projetos. Contudo, tal abordagem pode ser vista como simplista, em face da grande diversidade de estilos, personalidades, conhecimento, sucessos e falhas anteriores. O único conselho aqui é selecionar aqueles indicadores que são mais condizentes com seu próprio perfil gerencial.

➢ A matriz do tempo

Os gerentes de projeto precisam ser capazes de separar o joio do trigo. Deve ser gasto tempo adequado no "trigo", isto é, nos assuntos mais relevantes às metas do projeto. Muitas vezes esses assuntos são deixados de lado a fim de serem resolvidas pequenas urgências, o "joio". Tais urgências são caracterizadas por uma necessidade premente que certas atividades sejam completadas dentro de um curto período de tempo – independentemente de serem elas triviais ou importantes. Uma abundância de itens urgentes durante um período extenso geralmente carrega o selo indelével de planejamento negligente e gerenciamento deficiente.

E como saber o que fazer em primeiro lugar? Estabelecendo prioridades entre as várias atividades, tarefas e trabalhos que devem ser realizados. A matriz do uso do tempo é um excelente instrumento de auxílio nessa hora. Trata de dois conceitos que são muito confundidos entre si, e muitas vezes se fala de um quando na verdade se quer fazer referência ao outro, e vice-versa. Esses conceitos são:

- Importante; e
- Urgente.

Importante tem a ver com ações que contribuem para alcançar objetivos, realizar uma missão, para obter resultados e para atingir metas.

Urgente refere-se a ações que parecem pedir ação imediata, têm pressa, parecem inadiáveis, ou os outros pressionam para que sejam feitas.

Importante e urgente não são palavras sinônimas e não significam a mesma coisa. E importante e urgente podem ocorrer simultaneamente ou não. Uma atividade ou ação pode ser importante mas menos urgente, ou urgente e menos importante e, é claro, pode ser urgente e importante ao mesmo tempo.

A matriz da Figura 6.1 ajuda a visualizar melhor o importante e o urgente, dando alguns exemplos do que ocorre quando importante e urgente ocorrem simultaneamente ou não.

A matriz apresenta, através de bons exemplos, como usar o importante e o urgente para se estabelecer um critério de uso do tempo. Ensina também a estar atento para sempre se concentrar nas atividades importantes, e estar pronto a questionar e resistir aos urgentes.

Então, construindo seu critério, você vai saber por onde começar, o que fazer antes e o que fazer depois e, principalmente, como desfrutar de cada momento.

Os quadrantes I e II são aqueles que merecem a sua atenção, o seu esforço e investimento, pois as ações que fazem com que você atinja seus objetivos

	Urgente	**Menos Urgente**
Importante	I • Crises • Atrasos no caminho crítico • Atividades sob pressão externa • Reuniões para decisão sobre mudanças estratégicas • Situações de conflito ou atrito na equipe do projeto	II • Prevenção de problemas, proação • Planejamento • Prospecção de oportunidades de melhoria nos projetos • Teste de novas técnicas informatizadas • Reflexão e avaliação de métodos e processos
Menos Importante	III • Interrupção frequente do trabalho • Atividades de efeito a curto prazo • Reuniões com duração excessiva e itens fora do tema do projeto • Resposta imediata a todas as solicitações vindas de terceiros	IV • Manter-se ativo para parecer que trabalha pesado • Reuniões e discussões infindáveis e sem motivo • Hiperatividade social no trabalho • Revisão de rotinas já em desuso

FIGURA 6-1. Matriz do tempo

estão quase sempre situadas nesses quadrantes. Investir em III e IV faz com que se pense apenas no aqui e agora, em resultados imediatos, quase sempre de pouca duração.

O quadrante II é o mais especial deles: é aquele capaz de produzir os melhores e mais duradouros resultados para quem utilizar a matriz do tempo. Quem investe tempo no quadrante II investe nas coisas que certamente trarão os melhores resultados mais tarde.

➢ Tratando de assuntos que parecem imensos

Para tratar de objetivos que parecem imensos e desanimadores, deve-se utilizar um princípio consagrado por gerentes de projeto, que desdobram grandes objetivos em atividades menores, usando a técnica EAP (Estrutura Analítica de Projeto), que em inglês se chama WBS (*Work Breakdown Structure*).

Esta técnica consiste em repartir tarefas grandes que parecem difíceis ou inatingíveis em pequenas tarefas, de realização mais rápida e mais simples, mas que somadas contribuem para aqueles objetivos maiores que pareciam distantes e complicados para serem atingidos. É difícil perder 10 kg de peso como objetivo? Que tal desdobrá-lo em perder 1 kg a cada semana nas próximas 10 semanas? Parece mais fácil de atingir, não?

➤ Princípio de Pareto

Enunciado de forma simples, o princípio de Pareto diz que os itens significativos em um dado grupo normalmente representam uma percentagem relativamente pequena do total de itens no grupo. Pareto estabeleceu critérios para discriminação quando nos confrontamos com um grande número de itens. Os itens são arrumados em **A**, **B** e **C**, em que **A** representa os assuntos mais importantes. Aplicado ao tempo gerencial, o princípio de Pareto afirma que a percentagem usada deve ser 70-20-10. Isto indica que deve ser dado tratamento desigual aos vários assuntos que o gerente de projetos enfrenta, dedicando até 70 por cento do seu tempo aos assuntos **A**. No trabalho de projeto, exemplos de tópicos **A** são:

- Selecionar membros chave do grupo de trabalho.
- Desenvolver planos de projeto.
- Estabelecer relacionamentos gerais do projeto.
- Rever requisitos de orçamento do projeto.
- Tomar decisões relativas a sistemas de controle do projeto.
- Estabelecer critérios de relatório.
- Desenvolver e motivar o grupo de trabalho.

Os assuntos dos grupos **B** e **C** representam tópicos de prioridade mais baixa que podem ser delegados ou abreviados. Esses assuntos devem ser colocados nas suas próprias perspectivas com alocação do tempo gerencial respectivamente de apenas 20 por cento e 10 por cento.

➤ Programando tempo *versus* trabalho

Após um dia de pouco ou nenhum progresso, muitos se perguntam "o que eu realmente realizei hoje?" A resposta geralmente não é encorajadora. Uma explicação é que o gerente de projetos é conduzido para fora do caminho pelas ideias excêntricas e pelas urgências de outros, drenando assim tempo dos assuntos mais pertinentes. Isso ocorre porque sua abordagem está errada, pois tentam comprimir uma massa sempre crescente (todo o trabalho que chega de diversas direções) dentro de um compartimento limitado (seu dia de trabalho produtivo), que é não elástico. Tentar fazer o tempo se expandir é, de alguma forma, como tentar colocar mais água em um copo do que ele poderia conter. Não é de estranhar que, não importa quão rigorosamente alguns gerenciem, se encontram cumulados de trabalho e reclamam que 24 horas por dia não são suficientes!

Portanto, planeje primeiro o seu tempo, depois o trabalho. Em outras palavras, arrume o dia em termos de blocos específicos de tempo e, então, estabeleça prioridade (assuntos relevantes importantes) dentro desses períodos de tempo. Para os assuntos menos importantes, imagine uma outra maneira para que sejam feitos (delegar, reorganizar, eliminar e assim por diante).

➢ Ferramentas disponíveis

A administração do tempo hoje dispõe de várias ferramentas de apoio, informatizadas ou não, para aqueles que desejam melhorar sua organização pessoal e profissional. Entre elas estão as agendas comuns, as agendas-fichário, também chamadas de planejadores, agendas eletrônicas, telefones celulares capazes de enviar e receber mensagens, fotos e outras informações, palms minúsculos e laptops com internet móvel sem fio, verdadeiros escritórios portáteis à disposição dos gerentes de projetos. Seu uso deve ser avaliado em função de custo, necessidade e capacidade de comunicação e integração com os demais instrumentos de comunicação em uso no projeto, além de familiaridade e facilidade de uso.

➢ Conclusão

Os gerentes de projeto ocupam posições extremamente visadas e pressionadas, e seu tempo é solicitado por quase todos que estão envolvidos no projeto. Se não gerenciarem eficazmente seu próprio tempo poderão ser facilmente massacrados. Não existem fórmulas mágicas para melhorar a produtividade em gerenciamento, mas os princípios para aperfeiçoar o uso do tempo não são complicados. Ma se são capazes de dominar conceitos complicados e altamente técnicos de projetos, podem facilmente colocar em prática regras simples de gerenciamento do tempo como as que se seguem:

- fixe prazos para começar e acabar, estabeleça dia e hora e persiga resultados;
- seja proativo, antecipe-se a fatos e prazos, esteja pronto para alterar rumos e procedimentos se pressentir que algo pode dar errado à frente;
- se suas tarefas são muito grandes, use a técnica do queijo suíço, ou a tática nos minitrabalhos: reparta, divida a tarefa grande em pequenas tarefas mais fáceis de realizar e que consumirão menos tempo, mas que contribuirão para o resultado final;
- evite sobrecarga de trabalho e pilhas de assuntos acumulados para resolver: cuidado com atividades empurradas de propósito para o caminho crítico;

- aja ao invés de adiar constantemente, pois frases como "segunda-feira começarei o regime, quando o prazo vencer eu cobro, amanhã vou falar com o *stakeholder*" são cheias de boa vontade e vazias de resultados;
- pratique a prevenção e descubra as vantagens de um trabalho mais tranquilo e organizado, com melhores resultados, menos estresse e menos pressão sobre você e seus projetos.

Capítulo 7
Comunicação como Chave da Integração

➢ A lacuna na compreensão

Desde a infância, os seres humanos se esforçam para fazer os outros compreenderem suas ideias. O problema começa cedo e continua durante toda a vida. Em *O Pequeno Príncipe,* Antoine de Saint Exupéry descreve pitorescamente a frustração que sentiu, quando era criança, ao mostrar aos adultos seu "desenho número um" em que pintou uma jiboia engolindo um elefante. Ninguém interpretou corretamente o seu desenho. Cada adulto que viu o desenho disse: "Isto é um chapéu".

Esta lacuna na compreensão reflete a frustração estabelecida pela comunicação deficiente e realça a necessidade de se desenvolver uma linguagem inteligível para a audiência a que se destina.

O trabalho em projetos é particularmente suscetível aos problemas de comunicação. Considerando suas características especiais – inclusive áreas superpostas de responsabilidade, linhas de autoridade mal definidas, formas organizacionais complexas e conflito inerente –, não é de estranhar que as técnicas de comunicação sejam colocadas em teste e tornem a comunicação interpessoal elemento fundamental na realização de projetos de forma eficaz.

Alguns autores veem a comunicação como a chave para integração e o caminho para alcançar compromisso interpessoal. Outros acham que a comunicação eficaz em projetos pode ser alcançada através de planejamento quantitativo, sistemas de gerenciamento da informação e gráficos de controle. De acordo com vários deles as organizações matriciais requerem habilidades especiais de comunicação. Ferramentas como a estrutura analítica também são consideradas valiosas para as comunicações recíprocas, pois facilitam a compreensão do mundo real através de modelos simples e claros.

➢ Visão geral da teoria da comunicação

A comunicação em projeto retrata eventos distintos embora superpostos. O emissor, ou fonte, coloca o processo em funcionamento ao conceber uma ideia. Essa ideia é codificada em linguagem ou símbolos que a descrevem eficazmente. A descrição é transmitida em cadeia ao receptor. O receptor ouve ou vê a mensagem, decodifica-a e tenta imaginar a ideia como originalmente concebida pelo emissor.

A comunicação é um processo indireto. Ao contrário de uma transmissão rápida e clara dos conceitos de *A* para *B*, ela é composta de uma série de passos algumas vezes hesitantes que precisam de atenção constante para assegurar a continuidade. O emissor deve conceber nitidamente a ideia, traduzi-la adequadamente em um código ou linguagem apropriada, transmiti-la claramente através do meio correto e monitorar o esforço de decodificação do receptor. Nesse procedimento complexo, é considerável a possibilidade de falha na comunicação. Primeiro, o transmissor pode não conceber claramente a ideia, passando adiante desse modo um conceito diferente, que pode crescer como uma bola de neve adiante e tornar a mensagem final deturpada, a comunicação deficiente e deixar o receptor perplexo.

A ideia se incendeia brilhantemente na mente daquele que a concebe, mas é codificada de forma deficiente. Isso significa que são utilizados frases, números ou gestos inadequados para transmitir a mensagem. Em outras palavras, alguma coisa é destruída entre o pensamento original e a transmissão real. Aquilo que podia ser genericamente chamado de ruído ou interferência também dá a sua contribuição para falhas na comunicação. Ruído é a interferência de canal que distorce os sinais. São exemplos os sons do tráfego, o telefone tocando durante uma conversa ou alguém entrando na sua sala enquanto outra comunicação está acontecendo.

A recepção defeituosa é a parte final dos problemas de comunicação. Ela pode ocorrer porque o receptor decodifica impropriamente a mensagem e não consegue compreendê-la, muito embora ela possa ter sido concebida, codificada e transmitida eficazmente através de um meio sem ruído. O receptor pode simplesmente ser um ouvinte deficiente, ou sua atitude, metas ou experiências anteriores podem distorcer a mensagem que está chegando para adequar-se ao que ele gostaria de ver ou ouvir.

➢ *Feedback*

A fim de que o emissor descubra se a mensagem original foi recebida, o processo de comunicação deve ser verificado. Isso exige *feedback* – o caminho de volta do circuito da comunicação. No *feedback* o receptor transmite sinais ao emissor original, de modo que aquele possa determinar se a mensagem foi corretamente recebida. No labirinto do *feedback*, o receptor transforma-se no emissor, codificando a mensagem conforme ela foi compreendida, transmitindo-a de volta, através do meio, para ser finalmente decodificada. Nesse passo final, o emissor original compara o conceito inicial com a mensagem enviada de volta, através dos labirintos do *feedback*, para avaliar a compatibilidade das duas e a necessidade de esclarecimentos adicionais ou dados complementares de comunicação.

O *feedback* deve ser objetivo para ser útil. Um *feedback* distorcido ou corrupto apenas confunde o emissor. O *feedback* eficaz fornece ao emissor uma indicação clara que a mensagem foi recebida e, simultaneamente, aponta os assuntos nebulosos. Mover a cabeça e dizer "eu compreendo" é uma forma fraca de *feedback*. Mais úteis são respostas tais como "você quer dizer que deveríamos minutar um novo procedimento para manter os arquivos dos clientes atualizados no servidor e apresentá-lo a você ao meio-dia de terça-feira?" O *feedback* sobre o *conteúdo* é fundamental, de modo que os emissores possam estar certos de que comunicaram de fato, e não simplesmente tentaram transmitir uma mensagem.

A necessidade de uma comunicação bilateral, em oposição à transmissão unilateral, é ilustrada por um experimento no qual uma figura geométrica – uma combinação de retângulos interconectados – é descrita verbalmente, usando primeiro a transmissão unilateral e, num segundo caso, comunicação bilateral. Em ambos os casos não é permitido aos transmissores mostrar a figura aos receptores. No primeiro caso, o transmissor envia a mensagem através de um monólogo e não recebe *feedback* verbal algum, permanecendo sem saber se os receptores compreenderam ou não a mensagem. No outro caso, um segundo comunicador descreve o mesmo conjunto de retângulos para outro conjunto de receptores, utilizando comunicação bilateral. Nesse segundo experimento, é permitido aos receptores interromper, fazer perguntas e esclarecer dúvidas.

Ao comparar os dois resultados das comunicações, unilateral *versus* bilateral, invariavelmente a comunicação bilateral rende resultados mais precisos. No grupo que permitiu *feedback*, mais receptores são capazes de desenhar a figura geométrica original do que no grupo de comunicação unilateral. O *feedback* realça a eficácia de uma técnica de comunicação.

Apesar das vantagens, uma abordagem bilateral pode ser barulhenta e desordenada, com a pessoa mais lenta atrasando as demais. Por outro lado, a mensagem unilateral parece nítida e direta, mas a comunicação é menos eficiente. Então, embora o *feedback* tome tempo e altere a ordem da comunicação, incentiva a precisão e o correto entendimento por parte do usuário final da mensagem que se pretende transmitir.

➢ Causas de comunicação ineficaz

Por que as ideias não são transmitidas e recebidas mais eficazmente? Por que uma mensagem bem-intencionada algumas vezes é recebida com um silêncio inexpressivo ou é mal interpretada? As pessoas podem ser preguiçosas quando precisam se comunicar. Muitas trabalham arduamente mas desenvolvem hábitos negligentes ou atitudes de descaso com relação a transmitir suas ideias para outras pessoas.

Aqui estão exemplos na comunicação que afetam ambos os lados do processo:

- percepções diferentes com relação a metas e objetivos;
- compreensão diferente do escopo e das metas dos projetos e sistemas;
- competição por equipamentos, materiais, mão de obra e outros recursos;
- diferenças pessoais ou conflitos de personalidade entre gerentes e outras pessoas;
- resistência à mudança, tanto organizacionais como individuais.

➢ Tipos de comunicação

Comunicar-se eficazmente é análogo a jogar um bom jogo de tênis. O jogador não apenas deve ter estilo, mas dispor também de um banco de dados de "tiradas inteligentes", e saber quando e onde usar cada uma dessas tiradas. Uma nota por escrito ou um sinal feito com a cabeça indicando concordância podem ser adequados em alguns casos. Em outras situações, longas discussões individuais, reuniões de avaliação e acompanhamento, relatórios formais ou farta troca de e-mails podem ser mais apropriados. Os dois tipos de comunicação, a falada e a não falada, são encontrados em gerenciamento de projetos.

Formas não faladas especialmente comuns em gerenciamento de projeto são:

- linguagem corporal;
- escrita;
- gráfica;
- informatizada.

➢ Comunicação falada

Os membros da equipe do projeto expressam suas ideias e pensamentos durante todo o dia de trabalho. Isso ocorre tipicamente ao transmitirem instruções e orientações em pequenos grupos ou em reuniões formais. Muitos ruídos ocorrem nessa interação falada entre os membros da equipe à medida que enfrentam problemas e trabalham para realizar tarefas específicas do projeto.

A habilidade de articular é uma grande vantagem na comunicação falada. Ela requer que o emissor forme um conceito correto, selecione as palavras adequadas e entregue-as com clareza e objetividade. Os esforços não articulados podem resultar na formação de frases aparentemente profundas que, quando lidas com cuidado, provam ser totalmente sem significado. Por exemplo, tente imaginar o que deve ser feito para se obedecer ao que um político brasileiro disse recentemente:

"É preciso avançar para horizontalizar as ações, porque a máquina administrativa emperra tudo".

A comunicação inclui tanto a comunicação falada quanto a não falada, o que é dito e de que modo é dito. Ela é fortemente influenciada por fatores outros que não a sequência de palavras, como voz, entonação, volume, linguagem corporal e contato visual.

Tom de voz. O tom de voz carrega suas próprias mensagens, tais como convicção ou insegurança, entusiasmo ou depressão. As palavras certas enviadas no tom errado serão perdidas no caminho para o receptor. O tom também sugere firmeza, força, autenticidade e uma crença no que você está dizendo.

Volume. Mensagens com volume estável tornam-se monótonas. As modulações ajudam a manter a atenção da audiência. O volume adequado envia uma mensagem de que o que você diz é importante e precisa de atenção.

Ouvintes perfeitos são receptores ativos. Eles ouvem com seus olhos, expressões faciais e com o corpo, bem como com seus ouvidos. Eles "enfatizam" com mensagens não faladas dizendo para o receptor "eu estou com você". Ouvintes ativos cutucam silenciosamente seu emissor em busca de esclarecimentos adicionais. Eles também formalizam o *feedback* perguntando ou comentando, de modo a que o emissor possa determinar se a mensagem sofreu distorção.

As características dos bons ouvintes e dos ouvintes deficientes estão resumidas a seguir na Figura 7.1.

➢ Comunicação não falada

A comunicação não falada se manifesta de várias formas. Cada forma pode ser usada tanto na comunicação unilateral quanto na bilateral e juntamente com formas faladas.

O Bom Ouvinte	O Ouvinte Deficiente
Olha direto para as pessoas que falam	Sempre interrompe
Pede esclarecimentos	Pula para as conclusões
Demonstra preocupação com sentimentos	Termina as frases dos outros
Não apressa nem pressiona	É desatento
Controla suas emoções	Não dá resposta alguma
Acena com a cabeça, sorri, franze a sobrancelha	É impaciente
Presta atenção	Perde o controle
Não interrompe a toda hora	Agita nervosamente a caneta, lápis ou clipes
Acompanha o assunto até que frases ou temas tenham terminado	

Figura 7-1. Características dos ouvintes

➢ Linguagem corporal

É difícil separar as formas faladas de outros tipos de comunicação. Alguns afirmam serem *as palavras* de pouca importância na comunicação falada. Isso talvez seja responsável pelo sentimento de que "algo está faltando" quando o contato não é face a face. Como exemplo, assuntos importantes que exigem comunicação completa raramente são tratados pelo telefone, porque a comunicação completa somente ocorre quando enfatizada por outras formas de expressão.

Diferente das palavras, a linguagem corporal está sempre "ligada". O corpo transmite mensagens incessantemente, que mesmo se não recebidas conscientemente pelos outros, são captadas subliminarmente. Nosso comportamento físico e atitude dão pistas se estamos "com alto astral" ou "por baixo". Ele comunica orgulho, confiança, tristeza, dúvida, bem-estar ou preocupação. Os sorrisos cintilam e tornam agradáveis a comunicação, enquanto o franzir das sobrancelhas pode espalhar uma nuvem cinzenta de dúvida ou descrença.

Porém nem tudo na linguagem corporal é real. As pessoas podem contar mentiras tanto com palavras como também usar uma linguagem corporal enganadora ou dissimulada.

Enquanto é discutível o grau de impacto que a linguagem corporal tem sobre o processo de comunicação, geralmente se admite que ela tem uma forte influência. Qualquer que seja a influência, permanece a conclusão fundamental de que a linguagem corporal é um canal significativo de comunicação para o qual deve ser desenvolvida tanto a consciência do emissor quanto a do receptor.

A Figura 7.2 apresenta uma lista de sinais comuns de linguagem corporal e suas interpretações:

Linguagem Corporal	Interpretação
Esfregar as mãos	Expectativa, ansiedade
Punhos cerrados e braços cruzados	Postura defensiva
Inclinado para trás com as mãos atrás da cabeça	Superioridade
Inclinado para a frente	Interesse e dedicação
Escondendo a boca com as mãos	Incerteza sobre as palavras ou conceitos
Coçando a cabeça e o rosto	Incerteza, dúvida ou descrença

FIGURA 7-2. Sinais da linguagem corporal

➤ Comunicação escrita

O estilo gerencial influencia fortemente as práticas de comunicação escrita. Alguns gerentes de projetos evitam documentos escritos, preferindo operar mais informalmente. Outros tentam enquadrar e registrar todas as atividades dos projetos através de documentos. O estilo de gerenciamento influencia tanto a frequência da comunicação escrita quanto a formalidade dos documentos resultantes.

Mas independente de estilo, os documentos escritos são um componente necessário para a condução e o gerenciamento de projetos. E ainda, se os documentos estão claros, concisos e comunicativos, as metas do projeto serão antecipadas. Se não, o trabalho pode sofrer reflexos drásticos e devastadores enquanto as lacunas na comunicação estão sendo consertadas.

Embora a opção de um gerente de projetos pela comunicação escrita possa obedecer a uma escala, partindo de simples anotações até procedimentos e instruções detalhados, existem indicadores comuns para se comunicar eficazmente nos mais variados tipos de escrita. "Vá direto ao assunto" e "seja conciso e claro" são regras recomendadas para todos os tipos de escritas de negócios e profissionais. Estabelecer primeiro os objetivos e então comunicar a mensagem em linguagem clara é um modo certo de tornar convincente a sua ideia. Se o assunto envolve detalhes extensos, um breve relato conclusivo ajuda a reforçar a mensagem.

Alguns gerentes preparam anotações ou minutas para depois digitá-las. Outros preferem escrever diretamente no computador. Em equipes maiores, alguns gerentes podem delegar a tarefa de escrever para outra pessoa.

Contudo, a escrita em projetos não está limitada somente à correspondência convencional. Em alguns projetos o volume de documentos escritos pode ser espantoso. Além de e-mails e memorandos, são necessárias pesquisas, manuais, relatórios, especificações e estudos. Nos projetos que envolvem línguas estrangeiras e logísticas complexas, pode ser necessário um especialista em comunicações para assegurar que os princípios de comunicação escrita clara estejam de acordo com o sistema de gerenciamento do projeto e que as mensagens não sejam perdidas nem na tradução nem no encaminhamento. Fornecemos a seguir algumas dicas para documentos selecionados de projeto:

- **Estudos e pesquisas.** Se os estudos são numerosos, solicite um formato padronizado para melhorar a legibilidade.
- **Especificações.** Examine normas existentes e exigências legais. Estabeleça normas adicionais conforme necessário.
- **Relatórios de progresso.** Prepare um esboço de relatório, reveja-o quanto a legibilidade e conteúdo. Procure seguir sempre o mesmo formato para facilitar a consulta.
- **E-mails.** Incentive o uso de e-mails concisos e diretos.
- **Cartas.** Utilize um formato modelo. Estabeleça políticas sobre o uso da terminologia e circule indicadores escritos para quem vai escrevê-las.

Na maioria dos projetos existem dois tipos de documentos escritos que são particularmente eficazes. Primeiro são aqueles preparados numa base preliminar e então circulados "para comentários". Estes documentos comunicam conceitos básicos e, como as contribuições e os comentários são obtidos de outras pessoas, eles colecionam apoio. O segundo tipo é um documento que confirma um acordo. Nesse caso, a compreensão já existe e o documento registra o acordo para fins de referência e informação. Em ambos os casos, os documentos fazem parte dos processos de comunicação bilateral.

As escritas unilaterais podem também ser eficazes, mas o desafio é ainda maior. A comunicação escrita, unilateral, sobre tópicos que não são manuseados simultaneamente através de outros canais (discussões pelo telefone, reuniões, conversas) deve ser *absolutamente* clara. A comunicação escrita deve pintar uma figura tão distinta e vibrante que não possa ser mal interpretada. E se for necessária ação, as palavras devem motivar o receptor a agir. Essa é uma grande tarefa para meras palavras arrumadas num pedaço de papel.

➢ Ditado

Embora seja pouco usado hoje em dia, alguns gerentes se valem de minigravadores para registrar fatos e informações que serão transformados em escrita a seguir. Embora o processo de ditado inclua o elemento fala, ele é considerado não falado por usar elementos como entonação, volume e ênfase, além de possuir vantagens evidentes de economia de tempo.

➤ Correio eletrônico

O correio eletrônico é ágil e rápido, transmite grande volume de informações e coloca as correspondências na tela do gerente para instruções subsequentes, que podem ser imediatamente enviadas para outras pessoas. O que está registrado pode ser mantido como referência e pode substancialmente diminuir a papelada do projeto, pois toda a comunicação produzida é armazenada, dispensando o uso de espaço físico.

➤ Telefonia móvel e PDAs

As facilidades existentes no local ou ambiente do projeto podem recomendar o uso de ferramentas capazes de gerar, receber e transmitir informações escritas, arquivos e fotos digitais no momento em que são produzidos, como telefones celulares, câmeras digitais, palmtops e laptops. É importante considerar custos, necessidade e facilidades de intercomunicação no uso de recursos deste tipo, que podem ser de muita utilidade em projetos que necessitam de agilidade de comunicação entre partes que trabalham em pontos diferentes e distantes e precisam manter contato permanente e dados compartilhados e atualizados.

➤ Outras formas da comunicação não falada

Gráficos. As redes e muitas outras representações gráficas são produzidas por computadores de modo que os usuários possam "ver" mais do que ler a mensagem. Softwares como o MS Project©, o WBS Pro© e o Primavera© produzem excelentes representações gráficas para planejamento, execução e controle em projetos.

Desenhos e esquemas de projeto. Informatizada ou não, esta forma constitui o centro das comunicações dos projetos mais tecnologicamente embasados. Os desenhos, símbolos, linhas e palavras definem e orientam o trabalho a ser realizado durante a execução do projeto. Existem padrões para a maior parte dos tipos de traçados de engenharia e para o desenvolvimento de software.

➤ O segredo da comunicação é planejar

Como todos os esforços interativos a comunicação flui mais suavemente se um bom planejamento antecede o desempenho real. Comunicações formais podem precisar de mais preparação do que as informais, mas quando os riscos são altos, qualquer tipo de comunicação deve ser cuidadosamente analisado com antecedência. A lista a seguir dá pistas sobre o planejamento necessário para cada tipo de comunicação:

Apresentação formal. Prepare o esboço, decida que recursos visuais irá utilizar, critique, ensaie.

Chamada telefônica. Liste todos os tópicos a serem discutidos, e se a pessoa não estiver lá, deixe mensagem ou pergunte se alguém poderá tratar do assunto.

Cartas e e-mails. Esboce os objetivos, prepare argumentos, escreva de forma a facilitar a compreensão de quem irá receber.

Conversa individual. Estabeleça o propósito do encontro, use abordagem sob medida para cada tipo de pessoa, esteja pronto para ouvir, sumarize ao final e obtenha aprovação da outra parte.

Reuniões. Fixe os objetivos e os tópicos da agenda. Decida quais suportes ou dados adicionais são necessários. Obedeça à agenda, administre desvios e registre os resultados (mais informações no capítulo 13 deste livro).

O quanto de planejamento é necessário varia bastante. Um gerente de projeto menos articulado pode superar essa falha com um plano bem esboçado e ensaios de como apresentá-lo. Um gerente mais minucioso precisará aprofundar-se em detalhes consideráveis, preparar dados extras e promover conversas preliminares na tentativa de transmitir a mensagem. Mas sem dúvida o planejamento melhora a probabilidade de sucesso em qualquer situação e pode também ajudar a contrabalançar e superar outras deficiências de comunicação.

➤ Traçando o plano de comunicação

Todas as comunicações importantes requerem planejamento que, feito de maneira correta, pode fazer a diferença entre vender uma ideia ou vê-la ignorada ou colocada de lado. Mas um trabalho exaustivo de planejar nem sempre é necessário, e muitas vezes um esboço com passos simples é suficiente e pode fazer toda a diferença. Aqui está uma amostra de plano simples de comunicação para vender uma nova ideia para os *stakeholders* ou para a alta gerência:

Envie aviso antecipado. Antes de abordar superiores (ou quem quer que deva aprovar a ideia) com justificativas detalhadas, envie dados de apoio resumidos como um dispositivo típico de "checar o terreno".

Utilize opinião experiente. Encontre alguém que escreveu ou disse alguma coisa sobre o assunto. Use isso como apoio. Os superiores algumas vezes rejeitam ideias brilhantes de seus subordinados porque não foram consultados previamente. Uma visão externa de um especialista torna a nova ideia mais agradável.

Procure apoios. Desenvolva uma consciência geral sobre o assunto circulando cópias de um artigo, gráfico ou ilustração relativa a ele, de modo que os outros possam estar cientes da ideia.

Seja paciente. Não deixe que seu entusiasmo torne você superansioso. Relaxe e espere pelo momento certo.

Forneça mais informações. Após discutir rapidamente o assunto com os superiores, submeta mais informações e sugestões em forma de minuta. Espere os comentários.

Negocie. Incorpore comentários e discuta o assunto com relação à ação preliminar posterior.

Uma vez que foram quebradas as barreiras à comunicação e que o *feedback* foi gerado, pode-se lidar com o assunto de uma forma direta. Todavia, é necessário planejamento para garantir que a comunicação comece com o pé direito e não seja interrompida antes que a mensagem sensibilize a audiência a que se destina.

➢ Comunicações e o PMI

O PMI – Project Management Institute recomenda em seu "Guia do Conjunto de Conhecimentos em Gerenciamento de Projetos" atenção aos processos de comunicações incluindo os seguintes passos:

- **Planejamento das comunicações**, com a determinação das necessidades de informações e comunicações das partes interessadas no projeto.

- **Distribuição das informações**, que visa colocar as informações necessárias à disposição das partes interessadas no projeto no momento adequado.

- **Relatório de desempenho**, que inclui a coleta e distribuição das informações sobre o desempenho, como relatório de andamento, medição do progresso e previsão.

- **Gerenciamento dos intervenientes (stakeholders)**, de maneira a satisfazer os requisitos das partes interessadas no projeto e resolver problemas com elas.

➢ Conclusão

Uma vez que as pessoas são únicas, cada "processador de informação" de cada indivíduo é diferente. Enquanto algumas técnicas podem ser comuns a pessoas de experiências semelhantes, a grupos de idade e a nacionalidades, o processo de raciocínio de cada pessoa possui uma certa individualidade. É como se cada mente fosse um computador, possuindo semelhanças com outros, mas com diferenças nas características, programas e dados armazenados.

Em comunicação deve-se tomar cuidado para respeitar as individualidades das pessoas, inclusive o método único de cada uma delas processar a informação. Se for considerado esse cuidado, quase todas as mensagens poderão ser comunicadas eficazmente. Mesmo o "desenho número um" pode evocar a resposta "Isso é uma jiboia engolindo um elefante," se for projetado o fundamento adequado.

Capítulo 8

Tomada de Decisão e Solução de Problemas

➤ Tomando decisões em projetos

Gerenciamento de projetos é sobretudo tomada de decisões e solução de problemas. As decisões cobrem um vasto espectro de problemas, incluindo todos os *que, quando, onde, quem, por que* e *como* que aparecem durante o ciclo de vida do projeto. Sejam grandes ou pequenas, virtualmente todas as decisões são tomadas em resposta às seguintes perguntas:

- O que deve ser feito? (definição do escopo).
- Quando é necessário? (programação e controle).
- Onde deve ser executado? Ser construído? Ser entregue? (logística).
- Quem deve fazer o serviço? Quem deve ser o responsável? (matriz de responsabilidades).
- Por que deve ser feito desse modo? (monitoramento e avaliação).
- Como deve ser feito? (planejamento e análise).

A aprovação dos planos de projeto, o levantamento de dados e avaliação de alternativas, as negociações e a solução contínua de problemas representam algumas das atividades da tomada de decisão.

De acordo com Russell L. Ackoff em *A arte de resolver problemas* (*The art of problem solving*), oportunidades para tomada de decisões, relacionadas ou não a projetos, existem somente sob as seguintes circunstâncias:

1. quando existem pelo menos dois caminhos a serem seguidos,
2. quando existem pelo menos dois resultados possíveis com valores diferentes e
3. quando os diferentes caminhos disponíveis têm diferentes níveis de eficiência.

Existe escolha quando a atuação do tomador de decisão causa uma diferença no valor do resultado. Antes de tentar determinar a escolha certa, entretanto, o próprio problema precisa ser posto em perspectiva. Primeiro, o problema é apreciado pelo grupo ou por cada pessoa individualmente. Segundo, um problema pode ser apreciado através de suas variáveis controláveis – aqueles aspectos sobre os quais o tomador de decisão tem influência ou controle. A terceira faceta da avaliação do problema inclui as variáveis sem controle – coisas que estão completamente fora do controle do tomador de decisão. Essas variáveis podem ser de natureza quantitativa ou qualitativa. Quarto, problemas são avaliados frente às restrições impostas interna e externamente pelos próprios tomadores de decisão ou por outros que afetem a decisão. A quinta e última faceta do problema envolve os possíveis resultados que são obtidos a partir da combinação da escolha do tomador de decisão e a influência das variáveis sem controle.

Os problemas surgem devido a uma deficiência percebida e são identificados como tal quando se torna óbvio aos afetados que é necessária uma ação corretiva. Os problemas podem ser resultado de omissão ou falta de ação, planejamento falho ou inadequado, decisões anteriores feitas insatisfatoriamente e mudanças ou condições imprevistas. Ackoff sugere que a inabilidade de alcançar soluções adequadas é ocasionada por vezes devido à autoimposição inconsciente de restrições por parte dos tomadores de decisão. Isso limita a abordagem para a solução do problema e restringe o número de soluções possíveis.

O caminho para a tomada e execução de boas decisões possui muitos obstáculos, e uma boa tomada de decisão exige contornar todas as restrições, questionar as informações básicas e os processos usados para a obtenção da decisão e, finalmente, a adaptação da decisão a um ambiente de frequentes alterações e mudanças, típicos de projetos.

➤ O processo de tomada de decisão

Como deve ser tomada a decisão? Qual o melhor modo para fazer isso? Existe uma abordagem prescrita, passo a passo, para se chegar à melhor solução? Muitas pessoas não compreendem seus próprios processos de tomada de decisão, que permanecem ocultos no subconsciente como a parte submersa de um barco ou de um iceberg. E a tomada de decisão em grupo pode ser mais obscura porque envolve iterações entre diversas pessoas, que podem ser mais egocêntricas que objetivas e mais intuitivas que lógicas. Em tomada de decisão estar certo não é o bastante. "Funcionará?" é o verdadeiro teste das decisões.

Alguns especialistas afirmam que as decisões devem ser tomadas de acordo com um plano organizado, passo a passo e seguindo regras e processos. Outros preferem uma abordagem menos estruturada, que requer manter um debate saudável até que um consenso pleno seja alcançado. São examinados a seguir alguns desses procedimentos de tomada de decisão.

O método de Kepner-Tregoe (K-T) se concentra em selecionar os dados relevantes associados com a causa do problema. O método inclui a análise do problema, análise da decisão e análise dos problemas potenciais. O método efetivamente melhora o processo de tomada de decisão, tornando-o mais visível ao tomador da decisão e, através de uma abordagem analítica sistemática, cria uma visualização maior para a solução do problema.

➢ a. Análise do problema

A análise do problema é a primeira parte do processo. Nessa análise, o analisador começa com um padrão de desempenho contra o qual o progresso é medido. Os desvios percebidos a partir do padrão são usados para identificar o problema que necessita de análise. A variância é então definida e descrita em detalhes. O próximo passo é analisar "o que foi afetado" *versus* "o que não foi afetado" pela mudança. A seguir é identificada a característica peculiar, ou condição, que realça o efeito não desejado. São então deduzidas as causas possíveis do desvio, e finalmente é encontrada a causa mais provável do desvio, comparando-se as possíveis causas com a especificação do problema. Assim, os passos básicos da análise do problema são:

- estabelecer o padrão de desempenho;
- identificar o desvio de desempenho;
- descrever o desvio em detalhe;
- analisar o fator discriminado;
- identificar alterações causadas pelas características peculiares;
- definir as causas possíveis;
- identificar as mais prováveis causas de desvio.

A primeira parte do processo tenta descobrir a causa através de uma análise detalhada do próprio problema. A causa real pode estar encoberta em armadilhas técnicas mas ser comportamental na origem. A análise passo a passo ajuda a revelar as verdadeiras razões por trás do problema. Uma vez que o problema foi dividido em pedacinhos e a causa definida a tempo, o processo atual de tomada de decisão acabou. Em termos de K-T, essa fase de escolha entre os diferentes modos de fazer as coisas é denominada análise da decisão.

➢ b. Análise da decisão

O processo de análise da decisão começa pelo estabelecimento dos objetivos e a classificação deles em ordem de importância. As alternativas são então levantadas e quantificadas em relação a metas determinadas. Uma escolha experimental é feita e analisada para consequências adversas, as quais são levadas em consideração na decisão final. Então os passos da análise da decisão K-T são:

- fixar objetivos;
- estabelecer prioridades de objetivos;
- desenvolver soluções alternativas;
- avaliar alternativas;
- fazer uma escolha experimental;
- por à prova a escolha;
- planejar contra adversidades.

Esse procedimento estruturado diminui a chance de decisões desastrosas. Embora o resultado final seja ainda um "caso em julgamento," ele é guiado por um procedimento lógico e disciplinado.

➢ c. Análise de problemas potenciais

A análise de problemas potenciais começa com um plano de ação. Os problemas potenciais são listados, e o risco, avaliado. Causas possíveis são identificadas e é considerada sua possibilidade de ocorrência. Passos são apontados para a prevenção e incluem meios para eliminar causas ou reduzir efeitos. Finalmente, são estabelecidas prioridades e um sistema de controle é traçado. Os passos para análise dos problemas potenciais são:

- desenvolver um plano de ação;
- listar problemas potenciais;
- avaliar riscos;
- identificar causas;

- avaliar probabilidades;
- estabelecer mecanismos de prevenção;
- desenhar um plano para os problemas apontados;
- estabelecer controles.

As duas maiores falhas dos tomadores de decisão são (1) providência inadequada para definição de problemas e suas causas e (2) colocação de ênfase insuficiente na busca de soluções alternativas. A tomada de decisão como prescrita por Kepner e Tregoe induz os tomadores de decisão a começarem pelo início.

Uma fórmula abreviada pode ser utilizada na tomada de decisão. A essência do método de tomada de decisão está contida nas respostas às seguintes perguntas clássicas:

- Qual é o problema e suas causas?
- Quais são as soluções alternativas possíveis?
- Qual é a "melhor" solução?
- Qual é a melhor maneira de implantá-la?

A tomada de decisão passo a passo, seja ela simplificada ou explicitada em detalhes, oferece um procedimento para atuação gerencial que faz contraponto àquela executada intuitivamente. Embora a intuição nunca deva ser descartada, uma abordagem de "roteiro" fornece uma opção valiosa para o tomador de decisão que, de posse apenas de opiniões, preconceitos e restrições auto-impostas, poderia fazer umas poucas tentativas de busca de solução, juntando os fatos de maneira pouco clara para tomar a mais subjetiva das decisões.

➤ Tomada de decisão: fatos e opiniões

A tomada de decisão passo a passo tende a ser orientada pelo fato. Ela oferece uma estrutura para avaliar problemas e tomar decisões fundamentadas na percepção dos fatos pelos tomadores de decisão. Esta técnica necessita de relatórios e estudos que ofereçam dados auxiliares necessários e detalhes. O processo de tomada de decisão é lógico, racional e bem documentado. Uma vez que o processo está concluído, é admitido que, com base nos dados e informações disponíveis, a "melhor" decisão foi tomada. Tais tomadas de decisão orientadas por fatos também necessitam de acompanhamento para sustentar sua implementação, pois a tomada de decisão é só parte de um processo maior.

Mas problemas de tomada de decisão baseada em fatos podem se valer de critérios inadequados. O tomador de decisão pode manter suposições com base em preconceitos culturais ou pessoais que se choquem com os critérios fundamentais usados por aqueles que estão eventualmente encarregados com a implementação da decisão. De acordo com Drucker, "a maioria dos livros sobre tomada de decisão diz ao leitor: primeiro encontre os fatos. Mas gerentes que tomam decisões sabem que não se inicia com fatos. Começa-se com opiniões."

Abordagens sistemáticas tais como *brainstorming* ou o procedimento por consenso conduzem a decisões que refletem opiniões coletivas. O desafio neste modo de tomada de decisão é conciliar as opiniões dos participantes, as quais são essencialmente as ideias ou julgamentos que cada participante considera verdadeiros. Cada indivíduo percebe os fatos através de suas referências e então negocia enfoques diferentes até que o acordo seja alcançado. Cada opinião pessoal é testada ao longo destes procedimentos e, na análise final, o nível coletivo de informação para tomada de decisão é elevado.

Se aqueles que executam as decisões são incluídos no processo de tomada de decisão, são deixados de lado muitos dos obstáculos à implementação, característicos da tomada de decisão baseada em fatos. Os participantes estão comprometidos com o projeto e quase sempre encontrarão uma maneira de manter seus compromissos com ideias e soluções nas quais enxerga sua colaboração.

➢ Observações finais

Dois pontos na tomada de decisão merecem atenção especial. Primeiro, na definição de um problema e suas causas, a busca deve ser aberta a soluções não convencionais. A solução pelo lado humano, tal como a conhecida história dos espelhos na área de espera dos elevadores, pode ser apropriada e inexpressiva quando comparada com uma abordagem mais técnica. Perceber o problema do elevador pelo lado humano como "enfadonho durante a espera", como contrário à visão da engenharia de "capacidade inadequada de transporte de passageiros", abriu a porta para a simples solução adotada.

O segundo aviso comportamental faz acender uma lembrança de que o processo de tomada de decisão afeta profundamente a fase de implementação. Quando um indivíduo ou um pequeno grupo toma decisões puramente "orientadas por fatos", inevitavelmente são levantados obstáculos para a implementação. Técnicas como a análise dos problemas potenciais tornam-se apropriadas em tal caso, para ajudar a administrar as dificuldades que estão destinadas a aparecer. Se no entanto ocorre a tomada de decisão baseada em opinião participativa, menos obstáculos comportamentais aparecerão durante a implementação. O esforço extra e o tempo necessário para alcançar um consenso geral suavizam a implementação da decisão e tornam mais fácil a "navegação comportamental".

Capítulo 9

Como Lidar com Conflito em Projetos

➢ O conflito e as pessoas

O conflito é fruto do desacordo entre os indivíduos. É um componente básico do comportamento humano, inevitável em tudo que envolve pessoas. Para haver conflito, é preciso que algo esteja em jogo. Se a ação de uma parte reduz as possibilidades da outra parte de ganhar o que está em jogo, então o conflito aumenta. Se o resultado for importante e as ações de ambos os lados bloqueiam a trajetória da outra parte em direção a seus objetivos, então ambas sentem que o valor do resultado ficou reduzido e, novamente, o potencial de conflito aumenta.

➢ Conflito tradicional e contemporâneo

As visões do conflito podem ser divididas em duas escolas, chamadas de tradicional e contemporânea, conforme apresentado na Figura 9.1. Na escola tradicional, o atrito é considerado fator negativo e, portanto, deve ser evitado. Indivíduos "mal-intencionados" provocam problemas e é preciso envidar todos os esforços para suprimir o conflito. A escola contemporânea, por outro lado, acredita que conflito é inevitável e, se for administrado de maneira adequada, pode em muitos casos produzir bons resultados. Nesta escola, o conflito é produto natural da mudança e deverá ser aceito normalmente.

O conflito é positivo quando ajuda a resolver um problema ou quando contribui para o cumprimento dos objetivos. É prejudicial, entretanto, quando há a aplicação de recursos ou de energias e o resultado correspondente demonstra pouco ou nenhum progresso.

Perspectiva tradicional sobre conflitos	Perspectiva contemporânea sobre conflitos
São causados pelos indivíduos problemáticos	São inevitáveis entre os seres humanos
São um mal	Frequentemente são benéficos
Deveriam ser evitados	São o resultado natural
Devem ser eliminados	Podem e devem ser gerenciados

Fonte: Nicki S. Kirchof e Jojn R. Adams, Conflict Management for Project Managers.

FIGURA 9.1 – Visões divergentes do conflito

➢ Tipos de conflito

Os conflitos podem ser classificados em três categorias principais: intrapessoal, em que o indivíduo luta internamente com o conflito que independe dos outros; interpessoal, em que ocorre uma interação entre os indivíduos; e intergrupal, em que os departamentos ou outros grupos estão em desacordo. A seguir, uma breve descrição deste três tipos:

- **Conflito intrapessoal** – Aqui o atrito ocorre dentro do indivíduo por causa da frustração de expectativas pessoais, profissionais ou relacionadas com o trabalho. Caso estes conflitos internos não sejam postos para fora e não se transformem em interpessoais, podem permanecer latentes, pouco afetando o trabalho em si.

- **Conflito interpessoal** – Estes podem surgir de diferenças no estilo de administrar aspirações divergentes ou diferenças de personalidades. Os conflitos interpessoais envolvem duas ou mais pessoas e podem ter os mais variados fatores geradores como provocadores do conflito. Este tipo de atrito requer soluções sob medida, que dependem das situações específicas e dos envolvidos.

- **Conflitos entre grupos** – Quando um grupo ou equipe é jogado contra outro surge o conflito intergrupal. Qualquer assunto relacionado ou não com o trabalho pode ser causa do conflito. Os conflitos intergrupais normalmente são sequelas de atritos pessoais entre líderes influentes. Este tipo pode ser tratado em bases interpessoais através destes líderes influentes.

Embora possa existir apenas um tipo de conflito em determinado momento, também pode haver a ocorrência simultânea de dois ou mais tipos de conflitos. Por exemplo, um conflito intrapessoal sobre a relação custo/qualidade de um projeto poderia deflagrar um atrito posterior e desencadear um desacordo interpessoal. Este desacordo, por sua vez, poderia fazer com que os respectivos grupos cerrassem fileiras em torno dos principais participantes, e isso resultaria numa disputa intergrupal.

➤ Conflitos na área de administração de projetos

Embora o conflito possa surgir em qualquer situação onde haja seres humanos, os projetos proporcionam ambientes particularmente suscetíveis à geração de tensões. E quais as razões para esta abundância de conflitos na implantação de projetos?

Exemplos de algumas das principais fontes desses conflitos estão a seguir:

- **Propriedades** – pontos de vista diferentes sobre a sequência de execução das atividades para atingir objetivos.
- **Procedimentos administrativos** – divergências com relação à maneira de gerenciar o trabalho, inclusive quanto à definição de responsabilidades e rotinas administrativas.
- **Opiniões técnicas** – desentendimento com relação a questões técnicas, especificações e qualidade.
- **Recursos humanos** – divergências sobre a utilização de pessoal.
- **Objetivos de custo** – enfoques diferentes sobre as estimativas de custo.
- **Programações** – divergências relacionadas com o prazo, o sequenciamento e a programação das tarefas.
- **Personalidade** – diferenças interpessoais não provocadas por motivos técnicos ou administrativos.

Além destas fontes de conflito identificadas em pesquisa publicada na *Sloan Management Review*, há ainda outras razões para a existência do conflito em projetos, a saber:

- Falta de compreensão dos objetivos do projeto, tanto os globais quanto os específicos.
- Diferença no grau de conhecimento técnico.
- Ambiguidade com relação às funções dos grupos de apoio.
- Poder de recompensa e punição nas mãos do gerente.
- Ameaça oferecida pelo projeto à missão tradicional de uma área funcional.

- Falta de percepção da relação entre os objetivos do projeto e os da alta administração.
- Delegação de decisões técnicas para um escalão superior, que raciocina em termos mais políticos.

Seja qual for a causa, o fato é que o conflito gera efeitos que podem ser ora benéficos ora prejudiciais.

➤ Efeitos do conflito

O conflito provoca efeitos benéficos em projetos nos casos em que contribui para o andamento dos trabalhos, ou quando indiretamente funciona como um agente catalisador para atingir os objetivos a serem atingidos. É prejudicial quando tem efeitos opostos, fazendo com que o projeto perca o seu impulso, ou quando cria situação que resulte no desperdício de esforços.

➤ O conflito traz benefícios

O valor positivo do conflito é subestimado. Quando gerenciado da maneira adequada, é um instrumento valioso, principalmente quando situações conflitantes são esclarecidas nos seus estágios iniciais. No início, quando o envolvimento emocional ainda é baixo, os problemas podem ser solucionados por abordagens mais racionais. Mas se permitirmos que os mesmos problemas cresçam sem controle, eles podem sofrer o efeito "bola de neve" e transformar-se em grandes conflitos de difícil solução.

O conflito em projetos pode ser comparado com a dor do corpo humano. Embora não normalmente vista com bons olhos, sem a dor, o índice de mortalidade humana agravar-se-ia bastante, já que as pessoas não receberiam o indispensável sinal de alerta quanto às disfunções do seu organismo. Do mesmo modo que a dor pode ser aliviada por ação curativa, o conflito – se for tratado pronta e eficazmente – também poderá ser reduzido ou eliminado. Caso contrário, tanto a dor no corpo quanto o conflito podem piorar e chegar a situações de difícil solução.

Além do seu papel de sensor, o conflito tem outros aspectos positivos. Ele cria o desafio na busca de novas soluções e dá, ao grupo e indivíduos, oportunidades para resolverem problemas em conjunto. Quando os grupos se unem em torno de uma causa, o estímulo resultante pode levar à descoberta de novos fatos e informações que geram benefícios para o projeto. O conflito também atua como um "monitor de poder" entre as partes dissidentes, permitindo-lhes medir forças relativas que poderão ser usadas em interações futuras.

O conflito nos projetos, quando administrado de maneira adequada, pode ser útil para atingir os resultados programados. Em muitos casos, isto significará a simples administração do conflito à medida que ele surge. Em outros, no entanto, pode ser necessário instigá-lo. Por exemplo, se os planejadores vivem adiando a elaboração do plano porque lhes faltam dados e outras informações, um empurrão por parte do gerente para inicialmente usar dados estimativos pode gerar *feedback* útil às outras partes que integram o projeto. Jogar o assunto numa arena de conflito potencial pode desencadear a discussão que levará ao estabelecimento oportuno da programação necessária. No caso, o conflito é provocado deliberadamente para produzir efeitos benéficos futuros.

O conflito serve para indicar que algo está errado, que precisa de medidas corretivas. Estas medidas podem variar desde virada drástica até um suave tratamento comportamental.

Portanto, a finalidade de administrar os conflitos não é a de eliminá-los, mas de tratá-los de modo inteligente. Como níveis razoáveis de dissensão são característicos de projetos saudáveis, os elementos da equipe do projeto devem estar preparados para transformar o conflito em benefício ao projeto.

➤ O conflito é prejudicial

É mais fácil relacionar as repercussões negativas do conflito do que os seus benefícios, já que os problemas e atritos normalmente são considerados sinônimos de conflito. É lógico que esta reputação desfavorável tem justificativas, pois, administrado inadequadamente, o lado adverso do conflito pode facilmente superar os benefícios. A seguir, alguns dos pontos negativos:

• O conflito causa tensão

Em alguns casos a tensão pode criar sequelas pouco saudáveis. A tensão provoca efeitos físicos e emocionais sobre o organismo humano, trazendo úlceras, dores na coluna e palpitações espúrias. Traz noites de insônia e crises de irritação, cobrando seu preço com efeitos no corpo e na mente das pessoas.

• O conflito cria uma atmosfera não produtiva

Em situações de alto nível de conflito, a produtividade dos indivíduos sofre queda, devido à incerteza gerada pelos pontos de vista divergentes. Enquanto persistir o conflito, a confusão e a ambiguidade subsequentes não permitem que a produtividade das pessoas atinja o seu melhor nível.

• O conflito pode gerar perda de *status* ou de poder

Dependendo de como se administra o conflito e quais sejam as partes conflitantes, as disputas podem deixar uma das partes na posição de "perdedor".

Paradoxalmente, isto não significa uma perda apenas para o perdedor, mas também uma perda em potencial para o vencedor, que permanece com riscos de receber uma retaliação.

- **Os conflitos tendem a distorcer o comportamento entre as pessoas**

Nas situações de conflito, o senso de valores dos indivíduos pode ser substituído por uma busca de justificativas excessiva. A prática de fixar prioridades deve ser ignorada em favor de um processo decisório aleatório. As decisões podem se transformar em determinações fortemente autoritárias. E a lealdade torna-se mais importante do que buscar a melhor solução.

➤ Como resolver os conflitos

Não há uma única maneira de se resolverem conflitos. As técnicas de solução de conflitos variam da abordagem de "forçar a barra", que se baseia no poder, até a "retirada estratégica", que se apresenta como uma aparente desistência. As técnicas intermediárias incluem variações de "panos quentes", negociação e colaboração. As interpretações deste modo de solução de conflitos são:

- **Retirada estratégica** – significa "cair fora", fugir ou desistir. Pode ser utilizada também como tática de curto prazo para ganhar tempo ou como abordagem estratégica para períodos mais prolongados. A retirada é uma maneira passiva de tratar o conflito e, em geral, não consegue resolver totalmente o problema. É, sobretudo, uma solução de emergência.
- **"Panos quentes"** – é a abordagem do apaziguamento. A técnica de "panos quentes" pretende manter a paz e evitar situações de conflito aberto. Como tem natureza apenas provisória, também não proporciona uma solução duradoura para o conflito.
- **Negociações** – significa barganhar no bom sentido, com o objetivo de atingir um acordo aceitável. Mesmo quando o acordo está aquém da solução ideal para cada uma das partes, presume-se que representa o melhor entendimento que se pode atingir. Quando se chega a um compromisso e este é aceito pelas partes como solução, pode-se dizer que esta técnica proporciona soluções mais duradouras para situações de conflito.
- **Colaboração** – é a "solução objetiva de problemas" para resolver os conflitos. A filosofia aqui é delinear os problemas e resolvê-los de ma-

neira objetiva. A colaboração requer diálogo entre os participantes, que devem ser competentes do ponto de vista técnico e administrativo. Proporciona soluções definitivas para situações de conflito e, em última análise, resolve o problema em questão.

- **Força** – significa o recurso ao poder para resolver um conflito. Esta abordagem resulta na situação "vencedor/perdedor", em que uma das partes supera claramente a outra. A força normalmente requer menos tempo do que colaboração e a negociação, mas tem o efeito não desejado de deixar sequelas. Assim, o conflito resolvido à força pode criar problemas posteriores. A despeito deste aspecto, a força é mais uma maneira válida de resolver muitos conflitos.

Quais das cinco abordagens deveriam ser favorecidas e quais deveriam ser evitadas? Obviamente "a que funcionar" é a técnica correta de administrar o conflito. A abordagem que derruba barreiras e limpa o caminho para levar o projeto adiante é a mais adequada. No entanto, não é fácil escolher a melhor alternativa, pois há muitas variáveis. Cada situação é diferente. As características pessoais, a política interna, os objetivos e programas pessoais e os relacionamentos existentes são fatores que influenciam a maneira pela qual se administram conflitos, tornando difícil o estabelecimento de regras rígidas.

➢ A "melhor" abordagem de solução de conflito

A melhor solução aparente para resolver os conflitos é a de colaboração, também chamada de **solução objetiva do problema**. Como o gerenciamento de projetos consiste em resolver problemas à medida que o projeto evolui, esta forma de solução é recomendada. A solução via **colaboração** admite que a melhor situação é sempre a de vencedor-vencedor, já que neste caso tanto o projeto quanto as partes envolvidas saem vencedores.

Observa-se, no entanto, que a abordagem de colaboração não pode ser utilizada em todas as situações. São necessárias as seguintes circunstâncias especiais para se aplicar esta abordagem: as partes devem buscar uma solução que considere os objetivos de todos e que seja aceitável para todos; as partes têm responsabilidade de se mostrar abertas a respeito dos fatos, opiniões e sentimentos; e as partes devem concordar em controlar o processo para se chegar ao acordo, mas não ditar o conteúdo do acordo final.

Normalmente ocorre um acordo rápido quando as partes tomam uma atitude de colaboração ou de solução de problema. O acordo também acontece quando as partes têm disposição de negociar. As dificuldades se apresentam quando as partes tomam a atitude de força, "panos quentes" ou retirada estratégica. A colaboração demonstra ser uma boa técnica de resolução de conflitos quando comparada com outros modos.

A força, por outro lado, revela-se uma forte técnica de solução, exceto nos casos em que a outra parte recorre à mesma técnica. A negociação como técnica cede à colaboração ou à força, mas tende a entrar em acordo com a negociação, os "panos quentes" e a retirada. A técnica dos "panos quentes", por sua vez, prevalece sobre a retirada, mas curva-se à colaboração, à força e à negociação. A retirada cede a todas as outras formas de solução de conflito, exceto à própria retirada.

Assim, cada forma de solução de conflito pode ser aplicada a um conjunto específico de situações. Apresentamos a seguir uma relação detalhada de situações apropriadas para cada modo de tratar o conflito, extraída do livro *Interpessoal Conflict Resolution*, de Filley.

➤ Quando é apropriada a retirada:

- Quando você não pode vencer.
- Quando os riscos são baixos.
- Quando os riscos são altos, mas você não está pronto.
- Para ganhar tempo.
- Para deixar o outro nervoso.
- Para preservar a neutralidade ou a reputação.
- Quando você acha que o problema vai sumir sozinho.
- Quando você ganha com o atraso.

➤ Quando é apropriado usar "panos quentes":

- Para atingir um objetivo extremamente difícil.
- Para criar uma obrigação do outro mais tarde.
- Quando o assunto não é importante para você (riscos baixos).
- Quando a responsabilidade é limitada.
- Para manter a harmonia.
- Quando qualquer solução serve.
- Para criar boa vontade.
- Quando você vai perder de qualquer jeito.
- Para ganhar tempo.

➤ Quando é apropriada a negociação:

- Quando as partes precisam vencer.
- Quando você não pode vencer sozinho.
- Quando os outros têm a mesma força que você.
- Quando você não tem tempo para vencer.
- Para manter o seu relacionamento.
- Quando você não tem certeza de que está com a razão.
- Quando você não vai ganhar nada se não fizer acordo.
- Quando os riscos são moderados.
- Para evitar a impressão de estar "brigando".

➤ Quando é apropriada a colaboração:

- Quando as partes ganham pelo menos o que queriam e talvez mais.
- Para reduzir custos.
- Para criar uma base comum de poder.
- Para atacar um inimigo comum.
- Quando as habilidades se complementam.
- Quanto há tempo.
- Quando você quer evitar o uso posterior de outros métodos.
- Quando há confiança.
- Quando há confiança na capacidade do outro.
- Para manter relacionamento futuros.

➤ Quando é apropriada a força:

- Quando você tem razão.
- Numa situação de "ou ele ou eu".
- Diante de altos riscos.
- Quando estão em jogo princípios importantes.
- Quando você é mais forte (nunca comece uma luta que não vai vencer).
- Para ganhar *status*, demonstrar poder.
- Nos negócios de curto prazo que não se repetirão.

- Quando o relacionamento não é importante.
- Quando se compreende que está sendo jogado um "jogo".

➢ Planejamento como solução para lidar com o conflito

Uma maneira de administrar conflito é esperá-lo acontecer e depois lidar com o problema, utilizando-se tanto das habilidades pessoais quanto das técnicas arroladas neste capítulo. Para que esta abordagem tenha sucesso, é preciso que os membros da equipe sejam bem treinados em administração de conflitos e estejam constantemente alertas para eventuais focos de dissidência.

Outro método para gerenciar o conflito é a abordagem do **planejamento preventivo**. Nesta abordagem, a ideia é provocar conflitos "benéficos" enquanto se reduzem os prejudiciais. O planejamento em muitos casos proporciona a "manutenção preventiva" para evitar conflitos. Embora sejam necessárias medidas preventivas e corretivas para lidar com o conflito, o planejamento é a chave para manter o conflito em níveis administráveis.

A seguir, apresentamos algumas maneiras pelas quais o planejamento facilita a administração de conflitos.

- **Planejamento técnico**

A análise dos conflitos normais em projetos revela que a maior parte da discórdia surge dos aspectos básicos da administração do projeto. Cronologia, prioridades e alocação de recursos humanos são as principais fontes de conflito, seguidas dos objetivos técnicos, administrativos e de custo. Portanto, se as funções de planejamento e programação forem bem executadas, aumentam as possibilidades de se atingirem as metas propostas e os níveis de conflito tendem a diminuir.

- **Planejamento de integração**

Falhas na comunicação, interesse e diferenças de filosofia administrativa também são causas de conflito. Este tipo de conflito, de natureza mais comportamental, pode ser gerenciado através da integração da equipe. Quando integrada adequadamente, a equipe do projeto estará preparada para tratar os conflitos de forma rotineira. As técnicas de formação de equipes, quando associadas num "plano de integração de projeto", aumentam substancialmente a capacidade das equipes de projeto para tratar com o conflito.

- **O processo de planejamento**

Ao gerenciar o conflito, o processo de planejamento pode ser tão importante como o próprio plano. O comprometimento pessoal é obtido através do envolvimento dos participantes no plano. Esta abordagem consensual tende a facilitar a implementação das atividades planejadas. O resultado é um nível mais baixo de conflito, porque as prováveis diferenças são eliminadas durante o estágio de planejamento, quando os recursos do projeto ainda não estão totalmente comprometidos e o trabalho de execução está para começar.

➢ Gerência pró-ativa de conflitos

Há duas maneiras de lidar com conflitos em projetos: reativamente e proativamente. A gerência reativa trata os conflitos à medida que estes aparecem. Mas a atitude proativa é necessária para manter o conflito sob controle. Isto requer uma atuação anterior ao conflito para minimizar seu impacto. Seguem-se ideias para o gerenciamento proativo de conflitos entre alguns dos principais participantes do gerenciamento de projetos.

➢ Minimizando conflitos com subordinados

- **Descubra as metas pessoais e profissionais de seus subordinados.** Sempre que possível, associe as tarefas dos trabalhadores com suas próprias metas. Pode-se dar, por exemplo, aos interessados em uso intenso de computadores a oportunidade de utilizar seu interesse no trabalho.
- **Esclareça suas expectativas para seus subordinados.** Esclareça o que quer e por quê. Discuta critérios e assegure-se de que sua mensagem foi bem compreendida.
- **Defina parâmetros de controle.** Discuta a forma, a frequência e a intensidade do controle com seus subordinados. Exerça controle baseado em fatos, não em opiniões.
- **Use erros como oportunidades de treinamento.** Quando ocorrerem erros, converse com o subordinado e peça ideias e sugestões para evitar tais que tais erros voltem a se repetir no futuro.
- **Dê um *feedback* positivo.** Deixe seus subordinados saberem que você reconhece seus lados positivos. Evite críticas: quando precisar apontar uma falha, certifique-se de que está balanceando seus comentários com pontos positivos.

➢ Minimizando conflitos com seus colegas

- **Ajude seus colegas a atingirem suas metas pessoais e profissionais.** Busque áreas onde os interesses não sejam conflitantes: apoie objetivos e aspirações dos seus colegas encarregando-os de tarefas que eles julgam importantes pessoalmente.

- **Estabeleça uma atmosfera de cooperação.** Preste favores aos outros sem preocupação de retribuição imediata. Quando necessitarem de apoio, eles terão maior propensão a colaborar de volta.
- **Cultive canais informais de comunicação.** Almoce junto com os outros; organize encontros sociais sem relação com o trabalho; discuta tópicos fora do contexto do trabalho diário.

➤ Minimizando conflitos com clientes e usuários

- **Dê apoio aos representantes do cliente.** Seu cliente ou usuário pode precisar de dados ou informações que você pode fornecer prontamente. Seja prestativo, uma vez que você certamente necessitará de um ouvido compreensivo em algum momento durante o projeto.
- **Mantenha contato próximo com o cliente.** Evite período sem comunicação. Clientes requerem atenção; quando não a obtêm, tendem a tornar-se mais exigentes.
- **Evite surpresas.** A menos que tenha boas notícias, não apareça com surpresas. Deixe que seus clientes tenham conhecimento dos problemas e do que você está fazendo para resolvê-los. Enfrente os problemas à medida que surgem; não permita que se acumulem.
- **Mantenha contatos em vários níveis.** Ponha diretores em contato com diretores, gerentes com gerentes, engenheiros com engenheiros etc., e coordene os contatos entre estes níveis.
- **Estabeleça relacionamentos informais com funcionários-chave do cliente.** Utilize encontros em almoços, jantares e ocasiões sociais e esportivas para melhorar os relacionamentos com os clientes.
- **Realize reuniões regulares para acompanhamento do estado do projeto.** Lembre-se de incluir previsões sobre problemas e necessidades futuras. As reuniões devem servir tanto para informações quanto para solução de problemas.

➤ Minimizando conflitos com o chefe

- **Coloque-se no lugar do chefe.** Quais são os seus desafios e problemas? Entenda e seja solidário com as pressões que ele recebe vindas de cima.

- **Analise os padrões de pensamento do chefe.** Ele pensa analítica ou intuitivamente? Para melhorar a comunicação, lembre-se de usar abordagens compatíveis com o modo de o chefe ver as coisas.

- **Não leve problemas para o chefe, leve soluções.** Tente tornar o trabalho dele mais fácil. Analise a situação, examine as alternativas de solução e faça recomendações práticas.

- **Mantenha o chefe informado sobre o que você fez e sobre o que planeja fazer.** Mesmo que você tenha plena delegação de autoridade, seu chefe necessita saber o que está acontecendo na sua área.

- **Ouça e observe.** Escute nas entrelinhas e observe a linguagem facial e corporal; busque a verdadeira mensagem do chefe.

- **Consulte o chefe sobre políticas e critérios.** Peça orientação, conselhos e sugestões sobre matérias de política e filosofia de gerência que possam afetar seu trabalho.

- **Não aja como rolo compressor.** Use balões de ensaio; dê-lhe tempo para pensar e se ajustar suas propostas. Forneça dados, seja paciente e lembre-se de que a escolha no momento (*timing*) pode aprovar ou derrubar uma proposta.

Todas estas sugestões, quando aplicadas a subordinados, colegas, clientes e chefes, ajudam a minimizar o impacto de conflitos negativos. São ideias pró-ativas, que requerem iniciativa "antecipada", destinadas a evitar operações dispendiosas de "remendo", mais tarde no ciclo do projeto.

➢ Quando provocar conflitos

Mas em alguns casos uma atitude pró-ativa pode significar o desencadeamento de conflitos. A seguir, alguns exemplos de quando a provocação de conflitos é justificável:

- **Quando não há nenhuma outra solução aparente para o problema.** Se a situação necessitar de confrontação para ser resolvida, então o desencadeamento do conflito torna-se um meio para um fim.

- **Quando o conflito tende a crescer se não for atacado imediatamente.** Provocar o conflito enquanto este ainda seja controlável (o contrário de deixá-lo tomar o seu curso) evita que o problema cresça desproporcionalmente.

- **Quando a harmonia aparente esconde indecisão e procrastinação.** Nesta situação, se outras abordagens não funcionarem, o desencadeamento de conflito pode ser a maneira de ajustar as coisas para a frente.

- **Quando o conflito pode ser usado como um estímulo para atingir metas.** A transformação de conflito em competição saudável entre grupos, por exemplo, é uma razão válida para estimular o conflito.
- **Quando o conflito promete contribuir para a realização de metas do projeto.** Se o conflito contribuir para a obtenção de objetivos em casos como a satisfação do cliente e metas de qualidade, custos e tempo, então ele deve ser deflagrado e, em seguida, gerenciado.

A gerência proativa coloca os profissionais de projetos no controle de situações conflitantes. Pró-ação significa dirigir e influenciar o desenlace de situações potencialmente danosas. Significa começar com o pé direito, criando sinergia positiva e minimizando a necessidade de ação corretiva, mais tarde, no ciclo do projeto. Olhar as chances de a equipe complementar o projeto dentro do orçamento e do cronograma, de acordo com as especificações de qualidade e satisfazendo às necessidades do cliente.

➤ Conclusão

Parte do trabalho do gerente e da equipe consiste em gerenciar os conflitos, e a natureza dinâmica dos projetos requer que o gerente use um tempo substancial nesta tarefa. Em alguns casos, as disputas podem ser resolvidas por uma simples decisão. No entanto, na maioria das vezes, os gerentes e os elementos da equipe precisam desempenhar a função de catalisadores, visando influenciar as partes conflitantes por meio de persuasão, pressão e paciência para que o projeto tome os rumos corretos.

Bons profissionais abordam o conflito nas suas fases iniciais. Analisam possíveis atritos antes que estes aconteçam e preparam planos de ação adequados para lidar com problemas em potencial. Concentram seus esforços na criação de um ambiente destinado a evitar conflitos através do planejamento e da pró-ação, administram os demais à medida que estes aparecem e provocam aqueles necessários usando técnicas e habilidade pessoal.

Capítulo 10

Poder, Política e Influência em Projetos

➤ Gerenciamento de projeto no alto escalão

O poder, a política e as influências estão presentes em todos os projetos, quer seja nos altos escalões quer seja no nível operacional.

Nos altos escalões (todas as pessoas que possuem nível hierárquico superior ao do gerente de projeto e que influenciam direta ou indiretamente o destino do projeto), como é possível lidar com a política e o poder, de modo que tanto os objetivos da empresa quanto os do projeto sejam atingidos? Vamos analisar algumas possibilidades:

- Os assuntos são tratados por um **superior hierárquico**. A cultura empresarial pode exigir que todas as decisões sejam canalizadas através da hierarquia formal. Tal procedimento poderá funcionar quando a organização tem sólida experiência prévia no gerenciamento de projetos.

- Nomeia-se um **padrinho** (*sponsor*) para o projeto, como um alto executivo ou diretor, que se incumbe da tarefa. Em alguns casos, o padrinho coincide com o superior hierárquico, mas comumente outro executivo de alto escalão fica encarregado de dar cobertura política ao projeto.

- Um **conselho de projeto** (*steering committee*) constituído de vários membros assume esse papel. Quando o projeto ultrapassa limites políticos (*joint ventures* entre companhias ou esforços conjuntos entre áreas), este conselho deliberativo é uma maneira de se buscar apoio nos altos escalões.

- **O gerente do projeto** assume toda a responsabilidade. Como resultado de omissões nos níveis mais altos, o gerente de projetos pode pretender fazer tudo. Mas os gerentes de projetos sensatos (os que sobrevivem) procuram construir logo um "guarda-chuva político" sob o qual o trabalho do projeto poderá deslanchar e evoluir.
- **Facilitadores externos** (assessoria externa) empenham-se em ajudar e orientar o processo estratégico. Para evitar o "jogo de empurra" político, pode-se solicitar a presença de um facilitador neutro ou de um especialista amplamente reconhecido e competente, familiarizado tanto com o gerenciamento do projeto quanto com a tecnologia envolvida, que irá articular a melhor estratégia para o projeto entre as partes interessadas.
- **Experts** são requisitados (lobistas, juízes de arbitragem) em caso de necessidade. Esta abordagem é de caráter corretivo, contrapondo-se à abordagem preventiva. Pode ser feita quando ocorrem impasses nos níveis mais elevados.

Obviamente, aquilo que funciona é o certo, e algumas abordagens são inapropriadas em certos casos. Por exemplo, um conselho de projeto pode interferir no trabalho de um gerente de projetos particularmente eficaz. Ou é possível que um elemento externo possa complicar a situação. Portanto, a cultura empresarial e a do projeto têm de ser examinadas para se verificar o que faz sentido.

É arriscado negligenciar o gerenciamento de projetos nos altos escalões, e isto exige atenção logo no início do ciclo de vida do projeto. A estratégia deve ser empregada, e esforços, envidados nos níveis superiores com ênfase especial nos benefícios que os projetos podem gerar para as organizações e para os próprios executivos que as dirigem.

➢ Gerenciamento de projeto em nível operacional

Aqui, o gerente de projetos deve se certificar de que os princípios básicos do gerenciamento do projeto estão sendo observados. Isto significa administrar as clássicas áreas de escopo, tempo, custo e qualidade que, por sua vez, requerem a administração de comunicação, recursos humanos, contratos, materiais, risco e sobretudo integração. Mas o poder e a política também interferem no nível operacional do projeto. O gerente recebe pressão constante da gerência superior, a organização do cliente também pressiona, assim como o fazem os membros da equipe do projeto, grupos de apoio, terceiros e grupos externos.

O que o gerente de projetos pode fazer para aumentar seu poder e posição política nesse nível de funcionamento do projeto? Seguem-se algumas práticas convencionais:

- **Estabeleça sintonia com a gerência superior.** Independente de como o projeto está estruturado, os gerentes de projetos devem ficar sempre atentos e manter vínculos de comunicação com os escalões superiores.
- **Use instrumentos estratégicos.** Tanto o Termo de Abertura como o Plano do Projeto devem ser usados para moldar estratégias e políticas, aumentando assim sua base de poder.
- **Forme sua equipe.** Gerenciamento por consenso, treinamento, habilidades interpessoais, resolução de conflito e motivação da equipe são exemplos do que é preciso para se formar uma equipe que, em última análise, é a principal base de poder do gerente.
- **Desenvolva o poder de competência.** O que se concede aos gerentes de projeto não é o poder, mas o direito de obtê-lo. Os gerentes de projetos competentes e eficazes transformam sua base de autoridade em legítimo poder gerencial, pois apresentam resultados produzidos por sua competência pessoal irrefutável.

Uma vez que nesse nível a atenção se concentra no gerente para que conduza seu projeto até a etapa final, a seleção e o treinamento do gerente devem atender às necessidades do projeto em questão. No entanto, essa questão não é tão simples. É imprescindível que o gerente tenha gosto e inclinação para agir não somente no plano operacional, mas também na arena política do projeto. Só assim ele pode realizar o desafio de conduzir seu projeto satisfatoriamente até sua conclusão.

➤ Identificação dos papéis

Gerenciar projetos no nível operacional é por si só uma arte. Porém, mais engenhoso é articular o jogo do poder e o quebra-cabeça político nas esferas superiores. Enquanto no nível de baixo todos os dedos apontam em direção ao gerente do projeto, nos escalões superiores este pode não ter força política para ser totalmente eficaz. Além disso, pode ser que os gerentes de projetos não percebam que seu trabalho inclui o papel de articulador político de alto nível.

As percepções conflitantes quanto ao que constitui um projeto bem-sucedido também podem confundir a questão. Por exemplo, a equipe do projeto tende a considerar custo, cronograma e qualidade fatores consagrados de sucesso. Já o cliente ou usuário vê o sucesso em termos do resultado final, isto é, se o projeto realmente atende à necessidade para a qual foi planejado. E finalmente os empreiteiros e fornecedores, que muitas vezes têm papéis relevantes no gerenciamento de muitos projetos, veem o sucesso em termos de "Nós ganhamos dinheiro? Será que o cliente nos dará mais serviço?".

➤ Aplicando administração por influência em projetos

No gerenciamento de projetos a autoridade e a responsabilidade nem sempre caminham lado a lado, e a falta de autoridade formal sobre aqueles que fazem parte do projeto requer a aplicação da influência dos gerentes para garantir a obtenção dos objetivos. Os gerentes de projetos bem-sucedidos recorrem à negociação, à bajulação, à persuasão e ao *lobby* para obter aquilo que querem, tanto no plano operacional quanto no político. Usam várias técnicas para influenciar outros visando alcançar seus objetivos.

E quem precisa ser influenciado nos projetos? Alguns exemplos poderiam ser os clientes, entidades financeiras, órgãos governamentais, a alta administração, os gerentes matriciais, os membros da equipe do projeto, consultores externos, fornecedores, empreiteiros e terceirizados.

O uso da influência para alcançar metas não é um conceito novo, mas o reconhecimento da administração de influência como disciplina gerencial é uma tendência mais recente. Concebido originalmente para aprimorar as habilidades de assessoria (*staff*), para que estas tivessem maior influência dentro de escalões superiores, o conceito cresceu para incluir aplicações em áreas funcionais, matriciais e operacionais.

➤ Aplicando a administração por influência

O uso dos princípios da administração por influência descritos a seguir são úteis para serem aplicados pelos gerentes de projeto durante seu trabalho:

- **Valorize os benefícios.** Quando os outros percebem que é benefício colaborar com você, aumentam as suas possibilidades de obter a colaboração desejada. Identifique os benefícios para a outra pessoa (maior desafio, prestígio, visibilidade, contato com a gerência superior, chance de promoção, transferência etc.), e então "venda" o benefício em conversas, de modo que a mensagem seja recebida.

- **Evite atitudes maquiavélicas.** A influência é mais eficaz quando se evita a manipulação. Quando os outros percebem que estão sendo manipulados, criam mecanismos de defesa e reagem de modo adverso. A manipulação pode até funcionar a curto prazo, mas a médio e longo prazos raramente compensa. A influência eficaz é feita com sinceridade e integridade.

- **Seja determinado.** Diz-se que "tentar é admitir a possibilidade de derrota". Os profissionais que sabem influenciar não perdem tempo questionando se as coisas podem ser feitas. Quando algo precisa de atenção, buscam a maneira de solucionar a questão e partem logo para resolvê-la.

- **Coloque um "guarda-chuva" sobre suas ações.** A influência eficaz depende de um planejamento estratégico. É preciso que se façam planos formais e informais para lidar com os desafios que se apresentam ao longo da vida do projeto. Algumas das técnicas usadas para se desenvolverem estes planos incluem reuniões regulares, conselhos ou comitês especiais e contatos diretos entre as partes interessadas.
- **Ouça os outros.** A capacidade de ouvir é essencial para influenciar os outros. Os administradores por influência bem-sucedidos aprendem a identificar as expectativas dos outros e a perceber como determinada ação irá contribuir para atender a essas expectativas. A atitude de escutar atenciosamente facilita a aplicação da administração por influência às necessidades do projeto.
- **Verifique a coerência dos seus planos.** A coerência é essencial em projetos. Certifique-se de que há coerência entre as ações e as propostas. Teste seus planos quanto à consistência, do ponto de vista de cada um dos principais participantes do projeto.
- **Aplique "diferentes abordagens para pessoas diferentes".** Antes de começar a influenciar os outros, adapte sua abordagem para se adequar às características individuais de cada um. Uma pessoa detalhista pode ficar desestimulada se sua abordagem for muito geral. Ou uma pessoa competitiva, com muita iniciativa, pode reagir negativamente à abordagem muito detalhada. Adapte a sua apresentação às necessidades individuais.
- **Cuidado com o modo de falar.** Cuidado com o que diz e como o diz. Para influenciar os outros é preciso que você seja positivo. Demonstre convicção naquilo que diz para aumentar o impacto de sua mensagem, e evite o pessimismo e outras formas de negativismo. Seja positivo ao dar *feedback* para ajudar a criar um ambiente de colaboração.

Como dito anteriormente, a administração por influência eficaz depende não só do que deve ser feito mas também da maneira como se aplica a influência. Lembre-se de que a influência pode ser aplicada em vários graus e estilos:

- **Supersutil:** Quase ao nível subconsciente. Você tenta influenciar outras pessoas sem que elas saibam que estão sendo influenciadas. A abordagem típica é providenciar para que outras pessoas recebam literatura que dá apoio à sua proposta ou incluí-las em programas de treinamento.
- **Moderadamente sutil:** Essa abordagem usa algumas das técnicas aplicadas na modalidade supersutil. A literatura pode ser distribuída, mas seu propósito é claro e abertamente definido. Programas como seminários também são usados, mas o motivo é evidente para todos.

- **Sutil como um elefante:** Aqui, seu propósito de influenciar a outra pessoa é completamente visível. Pode ser convocada uma reunião expressamente para lidar com um determinado tópico. Ou uma abordagem franca e pessoal pode ser usada para atrair a atenção da outra pessoa para seu assunto.

➢ A administração por influência pode ser examinada do ponto de vista da necessidade. Por exemplo:

- "Por medida de segurança." Reforço adicional para garantir que não haja problema.
- "Inevitavelmente este problema se apresentará." Ações planejadas para lidar com situações que normalmente surgem.
- "Há necessidade premente." Um esforço conjunto para enfrentar uma situação que deve ser tratada imediatamente.

➢ O que Adão disse para Eva

"O mundo está mudando", disse Adão para Eva ao deixarem o paraíso. E a cada momento, a cada período de tempo e a cada geração a mudança continua, mas em moldes diferentes. Por exemplo, a tendência moderna de se reduzir o número de níveis de hierarquia e de promover a gerência mais "horizontal" faz com que os gerentes dependam mais de técnicas como a administração por influência para atingir os objetivos projetados.

A migração para organizações mais "enxutas" significa que a pirâmide tradicional tornou-se menos alta e mais larga, requerendo mais interação horizontal entre os seus membros. A hierarquia tende a ser menos rígida nesta modalidade participativa, o que justifica o uso de técnicas menos formais como a administração por influência.

➢ Aplicando a administração por influência

Há várias maneiras de se praticar a administração por influência. Exemplos de algumas técnicas usadas por gerentes para influenciar os outros são:

- **Um a um** – aconselhamento formal ou informal para fazer com que a outra pessoa adote a sua causa. Em alguns casos, bate-papos são suficientes. Em outros, é preciso realizar uma série de conversas.
- **Usar outras pessoas para influenciar** – na prática, um apelo para que terceiros exerçam a influência. Esta abordagem é útil quando, por

motivos pessoais ou políticos, os contatos diretos são ineficazes ou pouco obtém como resultados.

- **Influenciar o grupo** – o uso de pressão do grupo pode mudar opiniões. Algumas pessoas são particularmente suscetíveis à influência dos colegas (em reuniões, por exemplo).
- **Repetir e insistir** – é a abordagem interativa para influenciar. A repetição de determinada mensagem pode ser suficiente para influenciar os outros.
- **Abrir novos canais** – redirecione sua mensagem. Se a técnica atual não estiver mais funcionando, tente enviar sua mensagem através de um meio diferente de comunicação ou de pessoas diferentes.
- **Plantar e cultivar** – significa o uso da abordagem paciente para se exercer a influência. Esta técnica supõe que outras pessoas precisam de tempo para deixar amadurecer as ideias (especialmente se são novas).
- **Usar grande impacto** – a ideia provocará uma grande impressão. Uma produção audiovisual ou outra apresentação particularmente benfeita pode exercer a influência desejada.

Todas estas sugestões são eficazes quando se enfatiza o benefício para a outra pessoa. Lembre-se que influenciar outras pessoas é um desafio comparável a vender, e só é eficaz quando a outra pessoa percebe os benefícios que pode obter. Quer seja através da arte sutil de persuadir ou através de abordagens mais incisivas, planejadas para o impacto, a administração por influência é uma técnica com grandes aplicações no gerenciamento de projetos. Uma vez que o gerente, o coordenador ou o líder do projeto raramente têm autoridade total sobre todas as pessoas envolvidas nele, a arte da influência certamente será necessária para que sejam atingidos os objetivos clássicos de custo, prazo e qualidade.

Capítulo 11

Construindo e Integrando a Equipe

➢ Cozimento do projeto

Qualquer pessoa que já tenha observado um bom cozinheiro em ação sabe que um movimento bem executado pode fazer a diferença entre um molho saboroso e um caldo ralo. Através da experiência, treinamento ou instinto, o cozinheiro sabe quando acrescentar um ingrediente especial para dar "aquele" paladar ao prato.

Os projetos, assim como os alimentos, também respondem a um toque especial. Quando os ingredientes do projeto são integrados com arte, o resultado é uma experiência bem-sucedida que faz com que se realize um projeto de qualidade, terminado dentro do orçamento e no prazo. Por outro lado, sem um impulso sinérgico, os ingredientes do projeto podem ser deixados em desordem e qualquer coisa pode acontecer. E isso talvez leve a uma queda na produtividade do projeto.

Mas todos os ingredientes certos juntos não fazem necessariamente um grande bolo. No mundo de projetos, essa máxima é particularmente verdadeira. Por exemplo, um grupo cuidadosamente selecionado de especialistas altamente competentes pode não formar a melhor equipe. Do mesmo modo, grandes sistemas de monitoração e controle podem até ser prejudiciais se o grupo do projeto está acostumado com outras abordagens que já deram certo e não quer mudar. Os padrões e procedimentos podem simplesmente ser deixados de lado se o ambiente do projeto não está pronto para adotá-los.

A otimização de recursos do projeto é facilmente feita no papel, mas somente uma equipe bem aparelhada e trabalhando unida para atingir metas comuns pode fazer isso acontecer. A integração do projeto é a mistura e a combinação dos ingredientes do projeto de modo que eles estejam intimamente unidos, assim como no bolo que utilizamos como exemplo.

Esses assuntos básicos levantam outras questões pertinentes, tais como:

- De que maneira pode ser criada uma atmosfera que garanta que os passos e movimentos corretos serão feitos na ocasião certa durante o projeto?
- Como pode o grupo ser motivado de forma a que atingir as metas do projeto seja mais importante do que seguir cegamente as regras rígidas de linhas de responsabilidade?
- Como podem as atuações necessárias de interface de projeto se realizarem sem que haja descontentamentos, ciúmes e sabotagem?
- Como pode ser estabelecido um clima de projeto que crie uma constante e subliminar mensagem de objetividade, clareza e colaboração?

Se essas perguntas não forem discutidas ao início dos projetos e suas respostas elaboradas, ainda que parcialmente, o projeto pode encarar o fracasso durante todo o seu período de tempo de vida. Projetos que carecem de integração apropriada são fadados a ter problemas.

➢ Altos riscos

Muitas vezes, como resultado de um projeto mal integrado, cabeças rolam na busca de se encontrarem os culpados. O gerente de projetos e os membros da equipe são particularmente candidatos prováveis, mas qualquer pessoa pode ser culpada pelos problemas de um projeto. E não é divertido nem recomendado ser defensivo quando as energias são necessárias e devem se concentrar para trabalhar com o objetivo de atingir as metas do projeto.

Os programas de formação de equipe não são a solução para iniciar projetos eficazmente. Ninguém pode bater um bolo (ou montar um projeto) sem os ingredientes corretos. Um ciclo de seminários inspiradores não é a cura para um planejamento conceitual defeituoso, nem uma discussão numa mesa-redonda garante que o sistema de planejamento e programação será feito adequadamente. A abordagem mais recomendada é integrar os talentos de modo a que eles reajam aos desafios do projeto da mesma forma que uma equipe bem treinada de voleibol. Os pontos fortes de cada atleta são aproveitados, cada um sabe como proteger os outros e cada um possui um sentimento sobre o que os colegas de equipe farão numa dada situação. A mágica especial da equipe ocorre quando os jogadores dominam os fundamentos e trabalham juntos na busca do melhor resultado.

➤ Como integrar os participantes do projeto

Qual é a melhor maneira de integrar os talentos do projeto? Como pode isso ser feito mais eficazmente para atender às necessidades do projeto? Quem deve estar envolvido? Os programas devem estender-se aos diversos níveis do projeto e incluir todos que participam? Quando deve ser feita a integração? Quem deve fazê-la?

"Tudo depende" é a resposta clássica a essas perguntas. Depende do projeto, das pessoas, do local, dos recursos e do tempo. Não existem respostas únicas em gerenciamento de projeto, e cada situação é um caso especial que deve ser tratada no seu próprio mérito. Como num terno sob medida, costurado com base em métodos de alfaiataria de uso geral, mas ainda assim cortado nas medidas da pessoa que o irá usar, a integração certa de talentos do projeto depende da habilidade do tomador de decisão para costurar sob medida o projeto, de modo a atender as necessidades específicas que cada projeto possui. Entre as técnicas de integração comumente usadas estão: dar exemplos, aconselhamento, conduzir sessões de treinamento e usar programas formais de formação de equipe.

➤ Dar exemplos

Todos os gerentes comunicam suas filosofias de gerenciamento de alguma forma, dando exemplos tanto abertos quanto subliminares. O gerente de projetos que confia nos subordinados e delega autoridade pode esperar que outros adotem esse estilo. Do mesmo modo, uma abordagem aberta e franca por parte do gerente ao dar e receber *feedback* pode desencadear comportamento semelhante na equipe e em outros associados ao projeto. Através das próprias ações do gerente de projetos pode se projetar que comportamento tem mais chances de prevalecer durante o projeto.

Esse "efeito multiplicador" pode resultar em aumento de produtividade. Algumas características são pessoais, como carisma e fortes traços de personalidade, ao passo que outras habilidades como saber motivar, como negociar e gerenciamento de conflitos podem ser desenvolvidas com o passar do tempo. Se o gerente possui ou desenvolveu as qualidades necessárias, sua habilidade de dar um bom exemplo é de grande ajuda para integrar os elementos do projeto.

➤ Aconselhamento

Uma sessão de aconselhamento pode ser tão simples quanto um bate-papo com um subordinado que cometeu um erro, pois ajuda a verificar por que isso aconteceu e o que pode ser feito para que ele não incorra novamente no mesmo erro. Ou pode ser feita uma entrevista formal com o gerente, que conduz a sessão com uma abordagem sob medida. E ainda outro tipo de aconselhamento utiliza ferramentas clássicas de gerenciamento, tais como descrições de padrões de desempenho ou ajuste de expectativas, em que metas do projeto são discutidas entre os participantes.

O aconselhamento é geralmente feito pelo gerente do projeto, mas qualquer um pode vestir a capa de conselheiro para ajustar padrões comportamentais no projeto. Membros do conselho consultivo do projeto, representantes do cliente, consultores do projeto, bem como membros da equipe, todos podem ser solicitados a testar suas habilidades de aconselhamento. O aconselhamento pode ser feito com subordinados, com pares e mesmo com superiores.

➢ Bate-papo

Os bate-papos são por natureza improvisados, encontros não ensaiados em que se aconselham outros sem mesmo percebê-lo. Pode-se simplesmente discutir um problema ou procurar uma solução, mas um bate-papo pode transmitir preciosas dicas e informações em projetos. Por outro lado, o bate-papo pode não alcançar seu objetivo porque o tópico sob discussão não foi estudado e a conversa não é organizada ou orientada para objetivos traçados anteriormente.

Uma vez que o bate-papo pretende corrigir ou ajustar padrões de comportamento, um rápido ensaio mental pode ajudar a discussão de modo a que ela atinja seu objetivo. Os bate-papos normalmente dispensam preparação formal, embora algumas questões devam ser consideradas de antemão:

- Hoje é o dia certo ou esta é a melhor hora para puxar o assunto?
- Como se deve abordar o assunto, lidar com ele superficialmente ou em profundidade?
- Que tipo de abordagem deve ser usada: apenas falar, escutar, ou encorajar o dar e receber?
- O que realmente motiva a pessoa, quais são as metas mais importantes dela, o que estimula o seu interesse?
- Quais são os benefícios para a pessoa se o comportamento for mudado: maiores ganhos, um "tapinha nas costas", aumento de *status*?
- O que esperar como resultado posterior ao bate-papo?

➢ Aconselhamento em profundidade

Em aconselhamento mergulhar profundamente significa trabalhar nossa estratégia no papel. É necessário um planejamento real para que uma sessão de aconselhamento seja produtiva. O aconselhamento em profundidade exige investigar a fundo os seguintes assuntos: O que faz o outro indivíduo conferir? Que tipo de benefício a pessoa espera se mudar o comportamento? Quais abordagens serão mais eficazes para se chegar à pessoa? Quais são os melhores motivadores quando se lida com essa pessoa?

Considere as seguintes perguntas quando preparar uma sessão de aconselhamento em profundidade:

- Qual a razão ou objetivo da reunião?
- Qual é sua posição hierárquica em relação à outra pessoa envolvida na interação?
- Quais são as características predominantes nela?
- O que pode fazer o aconselhado mudar seu comportamento?
- Decida entre usar uma agenda estruturada ou mais aberta para conduzir a sessão.
- Quais benefícios você pode oferecer à outra pessoa?
- Quais pontos para acompanhamento e próximos passos devem ser acertados durante a sessão?

➢ Palestras

Palestras ministradas por especialistas podem trazer informações de alta qualidade para o projeto, e quando o conferencista é bem conhecido, a palestra certamente irá estimular os participantes. Mas não basta ter alguém conhecido se a natureza pouco participativa do palestrante limitar sua eficácia. Nesses casos, a retenção é menor e o conferencista não se beneficia do *feedback*, que permite descobrir se a mensagem está sendo recebida de forma eficaz. Mesmo a sessão costumeira de perguntas e respostas no final de uma apresentação não aumenta substancialmente a eficácia da palestra.

Embora uma palestra sozinha raramente seja suficiente para incentivar a sinergia do projeto, ela é um ingrediente valioso. Quando combinada com outras ferramentas de gerenciamento, ela pode desencadear uma reação que leva à integração adequada do projeto. Ao programar palestras de projeto, siga as seguintes diretrizes:

- Escolha um assunto interessante.
- Use palestrantes especialistas conhecidos e com experiência de pódio.
- Para despertar interesse, distribua amostras de literatura sobre o tema, por e-mail ou impressa, algum tempo antes da palestra.

- Faça um *checklist* de todos os pontos logísticos, inclusive instalações físicas e requisitos audiovisuais, para que dê tudo certo durante o evento.
- Na palestra, mantenha um enfoque objetivo seguindo esta sequência:
  ○ Breve introdução do conferencista.
  ○ Apresentação dele.
  ○ Período de perguntas e respostas ou debates.
  ○ Agradecimentos e encerramento.

➤ Mesa-redonda

A ideia da mesa-redonda em projetos é abrir caminho para debates em fórum aberto sobre assuntos pertinentes ao projeto, dando uma oportunidade aos participantes para terem visões aéreas e manifestar abertamente suas opiniões e ideias.

Os temas de mesa-redonda devem ser de natureza ampla e devem ainda ser suficientemente específicos para gerar fogo cruzado saudável entre os conceitos gerais e aplicações de detalhes específicos. Evite temas que sejam vastos demais para se ajustarem às realidades do projeto ou tão específicos que possam invadir o território da solução de problemas do dia a dia.

A seguir, estão alguns exemplos de assuntos apropriados para a abordagem mesa-redonda:

- Fases do projeto e o enfoque de gerenciamento de projeto.
- Planejamento de projeto: macro e detalhado.
- Terceirização ou uso de equipe própria.
- Sutilezas comportamentais que podem afetar o gerenciamento de projeto.
- Apoio administrativo: como ele se ajusta.

A mesa-redonda é comparativamente fácil de se organizar e deve ser planejada com um miniprojeto. Certifique-se de estar levando em consideração as seguintes perguntas:

- Qual o tema e o objetivo da mesa-redonda?
- O que será usado como base para a discussão?
- Quem será o moderador da sessão? Um membro da equipe, o gerente do projeto ou um convidado?
- Quem irá fazer a abertura? O diretor do projeto ou o moderador da sessão?

- Quem será o "conferencista do tema", encarregado de dar uma breve visão geral do assunto a fim de estabelecer o tom para discussão (membro da equipe ou gerente do projeto)?
- Como será conduzida a sessão? Apresentações formais ininterruptas ou se encorajará aqueles que têm comentários a fazer no impulso do momento?
- Quantas pessoas deverão participar?
- Como poderão os participantes ser "preparados" antes do dia para garantir participação ativa em discussões? Você irá distribuir material, conduzir entrevistas pessoais ou preparar pesquisas escritas?
- Quanto tempo irá durar a sessão?

➤ Seminários

Os seminários ou *workshops* combinam o conteúdo das informações da palestra com as oportunidades para participação que são oferecidas pela mesa-redonda. No seminário, a informação é dada em doses menores, intercalada com discussões em grupo e debates. Os seminários são estabelecidos num espaço de tempo maior que as palestras ou discussões em mesa-redonda e duram em geral de um a três dias.

Um seminário é um cenário para discussão de qualquer tema selecionado, e pode utilizar diversos métodos de ensino, enquanto fornece simultaneamente a repetição necessária para atingir os pontos básicos. Ferramentas e recursos usados em seminários podem incluir vídeos, filmes, slides, projeções com uso de computador, estudos de casos, discussões em grupo, resolução de problemas em grupo, simulações e dramatizações, pesquisas, autoanálise em grupo e jogos. Cada situação do projeto requer uma abordagem de treinamento sob medida para atender às necessidades especiais do grupo presente. Cada projeto possui suas próprias lacunas especiais, que precisam de ênfase no treinamento correto.

➤ Programas de formação de equipe

Um programa de formação de equipe bem conduzido pode trazer excelentes resultados e criar sinergia do grupo e do projeto. Esse tipo de programa é recomendado porque: (1) sua duração mais longa fornece uma oportunidade maior de retenção de conceitos, já que estes são retrabalhados durante todo o programa, (2) a experimentação dos conceitos fornece *feedback* oportuno enquanto o curso caminha, (3) pode ser dado tratamento em profundidade aos assuntos e (4) há tempo disponível suficiente para se formar um forte consenso entre os participantes.

Contudo, programas ambiciosos que visam gerar resultados subjetivos e imensuráveis podem estar sujeitos ao fracasso. As reações comuns a um programa desses incluem: "Não se supõe que a sinergia do projeto aconteça naturalmente?" "Esse tipo de programa não está no orçamento." "Não poderíamos remover os excessos de modo a que não tomasse tanto tempo?" "Incontáveis projetos têm sido completados de forma bem-sucedida sem a ajuda de esforços formais de formação de equipe."

Embora um programa de longo alcance para a formação de equipe possa ter grande impacto positivo, ele não é certamente a panaceia que resolverá todos os problemas e pendências do projeto. Projetos com chances de se beneficiarem mais com um programa amplo de treinamento têm algumas das seguintes características: duram muito, reúnem inúmeras pessoas de alto nível que não trabalharam juntas anteriormente, fazem parte de uma série de novos projetos, trabalham com grandes orçamentos, requerem interação envolvendo diferentes grupos culturais e necessitam de interação que envolvem tecnologias marcadamente diferentes. Os projetos que usam abordagens menos ambiciosas de treinamento são aqueles que têm orçamentos restritos, curtos ou de duração limitada, possuem tecnologias bem integradas e têm necessidades limitadas de integração cultural.

Um exemplo brasileiro de formação de equipes é o GPEX® – Gerência por Projetos e Aprendizagem Experiencial, da Dinsmore Associates, um programa que faz com que os profissionais de projetos e demais participantes dele vivenciem situações vividas em projetos através de atividades experienciais. O GPEX® utiliza técnicas do teal® – Treinamento Experiencial ao Ar Livre, que permitem aos profissionais traçarem um paralelo com a sua realidade e trabalhar conceitos ligados a riscos, conflitos, comunicação, fluxo de informações, planejamento, papéis e responsabilidades e trabalho em equipe. A Dinsmore Associates já utilizou este treinamento com sucesso, entre outros, no Ministério da Aeronáutica, Petrobras e Embratel.

➤ Usando o marketing para integrar o projeto

- "Eu não tenho tempo de tirar dois dias para bater papo", disse um insatisfeito gerente de um grande projeto de construção civil.
- "E estou esperando ansiosamente o seminário do projeto para que possamos ficar organizados", comentou um esperançoso gerente de desenvolvimento de software.

Essas visões contrastantes apontam expectativas divergentes entre os participantes de programas de treinamento ou motivação. Alguns podem ver os esforços de treinamento como enormes desperdiçadores de tempo, enquanto outros contam com o seminário para tornar o projeto equilibrado e garantir uma tranquila navegação futura. E outros ainda abordam as atividades de treinamento com ambivalência otimista, que é caracterizada pelo equilíbrio tanto das esperanças quanto das dúvidas.

A fim de estabelecer o que o programa de treinamento irá ou não fazer, é necessário o uso de ferramentas de marketing. Dependendo do nível de resistência que existe, o esforço de marketing pode precisar ser intensificado para obter aprovação do programa. A seguir, algumas diretrizes que podem ser usadas para auxiliar a elevar o nível de interesse dos envolvidos ou potencialmente envolvidos:

- Plante a semente: circule um panfleto, folha-resumo, ou outra ferramenta visual para criar consciência.
- Inicie mencionando casualmente o conceito, sem tentar forçar aprovação ou compromisso.
- Distribua uma visão resumida da abordagem de treinamento e acrescente referências ou literatura que apoiem a ideia de treinamento.
- Envolva superiores nas coisas específicas, tente obter ideias para incluir no programa.
- Incorpore sugestões e submeta novamente o resumo, desta vez solicitando uma autorização para seguir em frente.

➢ Dicas na formação de equipes

Nenhuma equipe é perene, e nenhuma equipe atingirá seus objetivos sem que haja um alvo claro a ser atingido, um objetivo concreto, claramente definido e compartilhado por todos os seus componentes. Ao mesmo tempo, o potencial para a desagregação dessa mesma equipe também será diretamente relacionado à dificuldade percebida diante do desafio proposto. Quanto maior o desafio, maior a possibilidade de a equipe vir a se desagregar ao longo do processo de busca de resultados e superação de metas.

As equipes passam por ciclos e por etapas, e algumas dicas podem ajudar nessa caminhada:

- *Defina propósitos com clareza:* a falta de clareza quanto ao propósito tende a provocar incerteza, resistência e dispersão de esforços, e quando o propósito não está claro, os "percalços do caminho" tornam-se obstáculos quase intransponíveis.
- *Estimule o senso de equipe:* ser aceito pelos outros membros é importante, pois o medo de rejeição é uma possível sequela quando a equipe ainda não se formou.

- *Estimule o respeito mútuo:* trabalhe para sua equipe aceitar as outras pessoas como são, sem preconceitos ou discriminações, pois assim os membros da equipe entendem melhor o papel e a contribuição de cada um para o alcance do objetivo.

- *Use a franqueza:* quanto mais abertura e clareza houver, maior será a possibilidade de se construir um ambiente de confiança, pois na falta de franqueza a equipe tende a se calar ou concordar para não se expor.

- *Identifique os papéis:* com papéis claros e bem definidos as reações das pessoas não sofrem desvios do padrão esperado nem prejudicam o trabalho em equipe.

- *Compartilhe visões:* visão compartilhada facilita o fluxo das informações e ações, evitando a geração de resistência por parte dos componentes da equipe.

- *Estabeleça processos claros:* equipes produzem melhor se existe clareza nos processos de implementação e monitoração escolhidos para atingir as metas, evitando atrasos no cronograma de trabalho.

- *Avalie o trabalho em equipe:* se a equipe avalia seu próprio desempenho ao longo do projeto, é capaz de verificar os pontos positivos e os pontos a melhorar no trabalho que está realizando.

- *Avalie os processos usados:* verifique se os processos usados são os mais adequados e se há necessidade de mudanças capazes de tornar o trabalho mais produtivo.

- *Comemore realizações alcançadas:* estimule sua equipe a ter orgulho do que faz e ter satisfação de alcançar metas e objetivos estabelecidos.

➢ E se a equipe for virtual?

Alguns projetos de hoje não se concentram em um só lugar físico, a equipe pode estar distribuída em várias cidades e mesmo países, e parecem virtuais porque raramente os participantes do projeto se encontram fisicamente. Nesse caso, reuniões são feitas através de tele ou videoconferências ou *chats* em computador utilizando software específico. Nesses casos, é fundamental levar em conta alguns pontos para que a integração obtenha resultados:

- Diretrizes de trabalho, horários e organização.
- Protocolos de comunicação verbal e escrita.
- Regras básicas para e-mails, *voice-mails* e outras mídias.
- Aspectos e ressalvas culturais das diversas localidades envolvidas.
- Expectativas e participação dos diferentes *stakeholders* durante o projeto.

➢ Conclusão

A integração adequada do projeto pode ser atingida acentuando-se os esforços de formação de equipe. Misturar os ingredientes certos através de tais programas contribui substancialmente para atingir o estágio de "integração do projeto". Formas de favorecer a integração do projeto incluem: dar exemplos, aconselhamento, conduzir sessões de treinamento e usar abordagens formais de formação de equipe. Todos esses esforços requerem um empenho de marketing para garantir que os formadores-chave de decisões irão aprovar os programas. Para que a receita de gerenciamento de projetos funcione, é necessidade imperiosa integrar o projeto com arte e dedicação.

Capítulo 12

Negociações Bem-Sucedidas em Projetos

Negociantes bem-sucedidos são como esgrimistas habilidosos. Eles confiam, desviam de um golpe, recuam, pausam, simulam um ataque e atacam – e durante toda a luta tomam cuidado especial para proteger suas áreas sensíveis.

➢ Trabalho, vida e negociação

A negociação faz parte da vida diária de qualquer um. As pessoas persuadem e se esforçam para melhorar suas situações negociando "contratos" com aqueles ao redor delas. Esses "contratos" estabelecem relacionamentos de trabalho e fixam, casual ou formalmente, termos de acordo. A negociação é uma consequência natural e inevitável do comportamento humano.

Conforme surgem situações que podem gerar conflitos, ou pessoas querem participar mais nas decisões que afetem suas vidas ou diferenças pessoais ou profissionais precisam ser contornadas, mais e mais ocasiões exigem negociação. Assim, a necessidade de desenvolver técnicas de negociação é sempre necessária em todas as áreas e momentos. Mas é comum acontecerem situações nas quais as pessoas rejeitam ou sabotam inconscientemente as decisões ditadas pelos outros, principalmente quando não são ouvidas nem consultadas. Uma vez que as pessoas frequentemente têm diferentes pontos de vista, é preciso negociação para conciliar as diferenças.

➢ Negociação em gerenciamento de projetos

Os grandes projetos são campos férteis para negociação. Por exemplo, chegar a um acordo sobre os principais itens de um contrato ou sobre as prioridades na execução de tarefas requer negociação. As reclamações são amenizadas ou resolvidas através da negociação, assim como inúmeras situações do dia a dia de projetos que envolvem diferenças técnicas ou de comportamento com os outros. Durante todo o ciclo de vida do projeto existe uma demanda constante por negociação entre a equipe do projeto, patrocinadores, fornecedores e outras partes com interesses na conclusão do projeto. Requerem técnicas de negociação:

- **Contratos.** A maior parte dos grandes projetos retrata uma rede de serviços e obrigações contratados que estão inter-relacionados. Os contratos principais e os de serviços especiais são exemplos de tais acordos negociados.
- **Aquisições.** A aquisição de materiais e equipamentos é outra área comumente aberta a negociação. Preço e prazos de entrega são usualmente o foco de tais relacionamentos.
- **Negociação "interna".** Nas organizações horizontais ou matriciais, a negociação informal interna ocorre porque a maioria dos problemas de projetos são gerenciados por acordos negociados.
- **Negociação com terceiros.** Contatos em andamento com terceiros, tais como clientes, agências governamentais ou terceirizados, também requerem negociação astuciosa para resolver conflitos.
- **Emprego de tecnologia e componentes.** Que componentes, que tecnologia, que processos e métodos usar normalmente geram debates acalorados e compromissos negociados entre profissionais de áreas tecnológicas.
- **Reclamações e encerramento do contrato.** As contratadas tipicamente apresentam reclamações quanto a aumento de custo quando elas acreditam que certo trabalho foi maior do que o escopo original acordado, ou quando as condições sob as quais o trabalho foi executado são consideradas diferentes das premissas iniciais.

➢ Negociação classificada por resultados

Assim como na resolução de conflitos, existem três resultados possíveis na negociação: (1) vencedor-vencedor, (2) vencedor-perdedor e (3) perdedor-perdedor. Uma vez que a negociação é uma forma de conciliar posições conflitantes, existem paralelos naturais entre gerenciamento de conflito e negociação.

➢ Negociação vencedor-vencedor

Nas situações vencedor-vencedor, ambas as partes que negociam estão satisfeitas com os resultados. Uma negociação vencedor-vencedor pode ser exemplificada por um vendedor que vende mercadorias de qualidade a um comprador industrial a um preço competitivo embora lucrativo. Para o vendedor, espera-se que o negócio renda um retorno razoável. Já o comprador espera receber um produto de qualidade pelo preço pré-acordado e dentro de um prazo estabelecido.

➢ Negociação vencedor-perdedor

Os resultados vencedor-perdedor são caracterizados por duas partes polarizadas: o "vencedor" e o "vencido". Isso pode se tornar delicado no caso de projetos em andamento, e a parte derrotada pode tentar "igualar-se" caso uma oportunidade lhe seja dada. Nesse tipo de situação, cada lado geralmente tende a exibir armas pesadas de barganha para obter ganhos na mesa de negociação, geralmente em detrimento da parte oposta. Se o relacionamento futuro não é importante, pode ser usado um método duro de negociação, pois não são prováveis as represálias, já que as partes não se verão ou não trabalharão juntas de novo.

➢ Negociação perdedor-perdedor

Os resultados de negociação do tipo perdedor-perdedor ocorrem quando uma ou ambas as partes assumem uma posição extrema em que nenhum negócio é possível e as proposições de ambas as partes se esvaziam. Situações perdedor-perdedor podem também resultar de negociações que parecem, a princípio, conduzir na direção de uma postura "vencedor-perdedor". Por exemplo, um contrato rígido a preço fixo pode gerar um perdedor duplo se a parte contratante tira vantagem da situação financeira apertada da outra parte na hora da assinatura do contrato. Esse tipo de negociação corresponde à situação em que o médico declara "A operação foi um sucesso, mas o paciente morreu".

➢ A arte e a ciência da negociação

A negociação, assim como o gerenciamento de um projeto, é tanto uma arte quanto uma ciência. Vencer os desafios depende parcialmente do talento natural e da habilidade de usar técnicas comportamentais. O resto depende de planejamento, organização e acompanhamento. Uma vez que as negociações são feitas por seres humanos e não por computadores ou robôs, elas são sempre influenciadas pelas emoções, valores, experiências e pontos de vista dos participantes. As pessoas podem não reagir como "deveriam", especialmente quando colocadas na arena de negociação aberta e interativa. Isso significa que o "lado pessoal" da negociação requer atenção constante. Na negociação devem ser analisados os perfis de personalidade, as mentes das pessoas e seus valores fundamentais.

O lado "arte" da negociação é afetado pela *química humana* envolvida. A negociação é sempre colorida por influências comportamentais, tais como: personalidade, bom-senso, empatia, técnicas de saber escutar e habilidade de articular. Tais variáveis não podem ser ligadas em um computador ou colocadas numa fórmula. Os relacionamentos humanos são simplesmente complexos demais para programar. Uma vez que os seres humanos são movidos tanto pela lógica quanto pela emoção, as abordagens racionais não são suficientes para prevalecer durante uma negociação. A arte de negociar requer então uma percepção das sutilezas comportamentais envolvidas quando se faz um negócio.

O outro lado da negociação bem-sucedida é tanto racional quanto científico. Ele envolve um planejamento da negociação, a ser seguido numa base ordenada e organizada. Questões simples formam os fundamentos para o plano de negociação, que é projetado para servir como uma diretriz durante todo o processo de barganha. Aqui estão os tipos de perguntas que devem ser respondidas no plano de negociação: Qual é minha agenda de negociação? De quais itens podemos desistir? Quais são nossos pontos fortes e quais os fracos? Que papéis serão desempenhados pelos membros da minha equipe de negociação? Qual sequência de negociação devemos usar? Qual é nosso ponto principal?

Com treinamento formal, os negociadores podem testar habilidades e aprimoramento de desempenho através de exposição sistemática a técnicas, dicas e táticas básicas. Embora o planejamento e o treinamento não transformem os negociantes medíocres em grandes mestres no assunto, o desempenho daqueles que desconhecem ou têm poucas noções sobre o assunto pode ser melhorado substancialmente com o aprendizado de métodos científicos.

➤ Negociação dura, suave e "sim"

Ao negociar, a maioria das pessoas se atrapalha porque se inclina muito rapidamente em direção a uma ou duas abordagens extremas: o caminho "suave" ou o "duro". A abordagem suave é caracterizada por negociações amigáveis, em que a meta principal é *concordar* de modo que o relacionamento possa ser mantido mesmo a custo de pesadas concessões. Este "toque suave" atinge tanto a pessoa quanto o problema. Baseia-se em abertura e confiança e, com frequência, resulta finalmente numa tendência de acordo.

A escola "dura" traz para a mesa de negociação uma linha agressiva, inabalável. As posições são firmes e os participantes são vistos como adversários. A meta é ganhar a qualquer custo com pouca preocupação com o bem-estar da outra parte. A linha dura é também aplicada tanto aos problemas quanto às pessoas. As exigências são feitas num clima de extrema desconfiança. O objetivo é atingir ganhos de um só lado através de táticas do tipo linha dura, alta pressão.

Existe uma terceira forma de negociar – uma forma que salienta a melhor das escolas: a dura e a suave. O método Harvard, denominado *negociação por princípios*, ou *negociação baseada nos méritos*, está resumido nos quatro pontos a seguir:

Pessoas   "Separe a pessoa do problema."
Interesses "Enfoque nos interesses, não nas posições."
Opções   "Gere uma variedade de possibilidades antes de decidir o que fazer."
Critérios   "Insista que os resultados sejam baseados em algum objetivo padrão."

Na negociação por princípios, supõe-se que os negociadores são solucionadores de problemas e que o objetivo é chegar a um resultado sábio, de forma eficiente e amigável. Isso pode ser feito sendo sociável com as pessoas e rígido nos problemas. Dar enfoque aos interesses mais do que às posições também faz parte da negociação por princípios, e implica em explorar completamente os interesses mútuos e os divergentes antes de tentar convergir para algum ponto principal. A máxima "invente opções para ganho mútuo", que exige uma busca criativa por alternativas, também é considerada fundamental. Da mesma forma, são necessários critérios objetivos a fim de estabelecer padrões, independente das fraquezas pessoais, e fixar princípios designados para resistir à pressão.

➢ Negociação por fases

Objetivando análise, a negociação pode ser desmembrada em três fases. Cada fase, que corresponde essencialmente a antes, durante e após a negociação, exige um enfoque específico envolvendo um conjunto de ações apropriadas para esse estágio do processo. Essas fases são:

- pré-negociação;
- negociação ativa; e
- pós-negociação.

➢ Pré-negociação

A pré-negociação engloba o que precisa ser preparado ou pensado antes de sentar à mesa para negociar: planejar, fixar prioridades, designar papéis e estabelecer limites básicos para acordos e negociações. De certa maneira, todas essas atividades de pré-negociação podem ser agrupadas sob a etiqueta planejamento – uma ferramenta gerencial comprovada que algumas vezes é deixada de lado. E também a qualidade desse planejamento, que precede a entrada no ringue da negociação, é uma decisão gerencial que influencia fortemente o resultado final da negociação.

A pré-negociação objetiva desenvolver uma estratégia geral. Os esforços da pré-negociação são caracterizados por angariar informações, analisá-las e questionar todos os assuntos. Durante a pré-negociação, esteja certo de fazer o seguinte:

- **Estabeleça uma estratégia geral:**
    - ✓ Quais são as verdadeiras metas e objetivos da negociação?
    - ✓ Qual abordagem de negociação será utilizada?
    - ✓ Quais são os acordos apropriados?

- **Coletar os fatos:**
    - ✓ Obtenha o máximo de informações relevantes.
    - ✓ Questione se os fatos foram completamente analisados antes de começar.

- **Conheça seus oponentes:**
    - ✓ Quais são os objetivos da outra parte?
    - ✓ Qual a sua possível posição máxima e qual a mínima?
    - ✓ Onde eles são fortes e onde são fracos?

- **Escolha a equipe correta para negociar:**
    - ✓ Selecione negociadores capazes de entender e enfrentar a perspicácia do oponente.
    - ✓ Mescle especialistas em assuntos técnicos, econômicos e comportamentais.
    - ✓ A equipe tem a devida autoridade?

➢ Negociação ativa

A negociação ativa começa com a primeira discussão e termina quando se atinge um acordo. Esta fase pode cobrir um período de tempo de minutos (uma reunião rápida) ou anos (acordos internacionais de negócios). Sugestões para a fase da negociação ativa:

- **Conheça os fatos e os números.** Use fatos que não podem ser contestados e utilize-os com convicção.
- **Administre reações emocionais.** Evite ser puxado para o campo emocional e ser tirado do sério.

- **Permita retiradas.** Seja sensível às necessidades de os outros salvarem as aparências e permita que se retirem elegantemente se for necessário.
- **Saiba a hora dos movimentos principais.** Avalie o momento dos movimentos principais, revelações de fatos, ofertas e contraofertas.
- **Seja sensível às necessidades emocionais dos outros.** A necessidade dos outros de reclamar uma vitória ou retornar à segurança deve ser satisfeita tanto quanto possível.

Cuidado com as táticas agressivas, tais como provocar o oponente ou usar estratégias que perturbam o outro lado. Reconheça formas de táticas agressivas de negociação que podem ser usadas:

- **Diversificação.** Trivialidades para desviar atenção de fraquezas.
- **Reverter os papéis.** Antecipação de argumentos para fortalecer a própria posição.
- **Esquivar-se dos ataques aos seus pontos fracos.** Reverter o debate de volta para suas forças.
- **Retardar o ataque frontal pelos oponentes.** Quando uma posição é mais forte a parte aguarda o momento exato para dominar.
- **Começar vagarosamente.** Após reveladas as posições, entrar com os pontos mais fortes e tentar retardar oponentes discutindo primeiro seus pontos mais fracos.
- **Reserva ou trancamento.** Não revelar verdadeiros objetivos ou concessões buscadas.
- **Ignorar os pontos fortes ou perguntas trapaceiras.** Fingir que não entendeu e continuar argumentando.
- **Criar propositalmente um impasse.** Levantar fatores complicadores.
- E atenção para os "truques sujos", técnicas que ferem práticas aceitáveis ou éticas de negociação. Enquanto parecem resultar em ganhos aparentes, elas podem realmente desencadear um efeito "bumerangue", principalmente se o relacionamento está em andamento.

➢ Pós-negociação

Uma vez que se chegou a um entendimento, começa a fase de pós-negociação. O acordo é modelado num pacto formal. E uma vez que o negócio está "assinado, selado e entregue", é apropriada uma crítica interna sobre a eficácia da estratégia e do resultado da negociação. Ela ajuda o negociador a determinar se o negócio foi bom e avaliar técnicas que possam melhorar negociações futuras. A pós-negociação envolve os seguintes passos:

- **Completar o acordo.** Detalhes por escrito devem ser elaborados prontamente a fim de caracterizar o acordo final.
- **Observar o protocolo.** Evitar discutir o acordo e as habilidades relativas das equipes negociadoras.
- **Obter feedback.** Critique as negociações e monte um sistema para receber *feedback* nos desenvolvimentos posteriores.

➢ O que é um bom negociador?

As qualidades de negociadores bem-sucedidos são muitas e podem algumas vezes parecer contraditórias. Negociadores devem ser rápidos mas pacientes, articulados mas bons ouvintes, pragmáticos mas flexíveis, não emotivos mas bem-humorados e envolventes. Devem dimensionar os pontos fortes e os fracos dos seus oponentes bem como avaliar o lado comportamental da negociação. Apreço por pessoas, equilíbrio e autocontrole são outras qualidades requeridas.

Assim como uma pedra brilhante pode ser polida para brilhar ainda mais, bons negociadores também podem melhorar suas técnicas através de prática, procedimentos e treinamento. Da mesma forma, um negociador menos talentoso, como uma pedra de qualidade inferior, também pode ser polido para obter um "brilho" aceitável.

Estudar os fundamentos da negociação torna o negociador mais aparelhado para exercer seu trabalho, mas outras habilidades, tais como: escuta atenta ou linguagem corporal, embora amplamente comportamentais por natureza, podem ser trabalhadas através do aprendizado. No gerenciamento comportamental também se lida com outras técnicas relacionadas à negociação, tais como: empatia, bom-senso, pensamento criativo e habilidade de articular, que podem ser aperfeiçoadas através do estudo. As diretrizes a seguir podem ajudar a incentivar técnicas de negociação:

- Leia sobre negociação em artigos de revistas, livros e artigos profissionais dirigidos para gerenciamento.
- Eleve seu nível de consciência comparecendo a um seminário ou curso sobre negociação.
- Escolha uma área de negociação na qual você sente que precisa atenção especial. Estabeleça um período de tempo para praticar essa técnica.
- Peça aos outros para observar você e criticar sua técnica.
- Faça polimento, pratique e recicle.

E vale lembrar o exemplo de John Leyland, um dos sócios do escritório de advocacia de Dean Acheson, que foi secretário de Estado do governo americano. Um dos melhores negociadores americanos na opinião do *expert* em negociação Roger Fisher. Segundo Fisher, Acheson era muito persistente, e quando se imaginava que o caso estava encerrado, ele estava pensando em qual poderia ser o próximo passo. Levava a sério os relacionamentos e prestava atenção no que as pessoas da outra parte tinham para dizer. Além disso, preparava-se muito bem para cada negociação e não se colocava em primeiro lugar. Um negociador melhor do que Henry Kissinger, que se concentrou demais em sua própria figura e reputação de poder em vez de focalizar os casos em negociação.

➤ Conclusão

Quase sempre as negociações são realizadas verbalmente e resumidas sob forma escrita ao final. Elas dependem de planejamento, fatos acumulados e interação humana. Recompensas tangíveis, satisfação do ego, contato social, expressão criativa, agressão, necessidade de escapar, senso de dever e artimanhas da personalidade fazem parte do jogo da negociação. Isso torna a negociação um esforço fortemente dirigido para pessoas, e os resultados são bastante afetados pelo comportamento dessas pessoas nas fases antes, durante e depois da negociação.

Capítulo 13

Reuniões Eficazes

Em projetos existem reuniões associadas ao seu ciclo de vida, e que ocorrem em momentos determinados desse ciclo. Entre as mais importantes podemos citar:

- reunião de **partida** (*kickoff meeting*);
- reunião de **acompanhamento** (*follow-up meeting*);
- reunião de **encerramento** ou de **entrega** do projeto (*end up meeting*).

As reuniões de partida e entrega ocorrem apenas uma vez, respectivamente ao início e término do Projeto. Sua característica principal é formalizar o início e o fim do envolvimento do gerente e sua equipe naquele projeto e respectivas responsabilidades e tarefas associadas.

É importante não confundir essas reuniões com as solenidades que podem ocorrer nessas ocasiões, como lançamentos, festas e inaugurações. Estas representam o lado alegre, político ou de divulgação, mas projetos começam e terminam de fato com reuniões.

➤ Reunião de partida (*kickoff meeting*)

A reunião de partida é um evento formal que dá início de fato ao projeto e se justifica pelos seguintes motivos:

- força o planejamento no início do ciclo de vida do projeto;

- ajuda na formação de consenso;
- estimula o engajamento e integração da equipe;
- ajuda a quebrar a inércia no começo do projeto.

Normalmente é um evento que obedece às características de uma reunião normal, mas em projetos de grande porte pode se transformar num seminário de partida.

A reunião de partida normalmente se realiza em duas etapas: a primeira, com a equipe interna e abordando aspectos mais técnicos, de integração, de comunicação e de funcionamento ao longo do projeto, e a segunda, com o cliente ou usuário final e tratando mais de apoio do cliente e *stakeholders*, formas de reporte e acompanhamento ao longo do projeto e prazos de entrega.

Dependendo do tamanho e abrangência do projeto, cada reunião deverá durar entre 2 a 4 horas, com um intervalo no meio. Nessas reuniões deverá ser discutida a seguinte agenda:

- reforço e esclarecimento quanto aos objetivos da reunião;
- resumo e discussão dos principais assuntos relacionados ao planejamento gerencial e de um plano geral do projeto, abordando com destaque o escopo e cronograma;
- discussão sobre a gestão do contrato em si, seus cuidados especiais, estratégias e instrumentos;
- determinação de medidas a serem tomadas de imediato e a curto prazo para que o projeto se inicie de fato.

➤ Reunião de acompanhamento (*follow-up meeting*)

A reunião de acompanhamento é muito usada em projetos para acompanhar e verificar o seu andamento. Não são tomadas grandes decisões que possam alterar substancialmente o projeto, mas anotadas sugestões de não conformidades do projeto para informação e providências dos responsáveis.

Durante todo o projeto, as reuniões de acompanhamento ocorrem periodicamente com a frequência combinada, acontecendo também reuniões de emergência, sempre que um fato ou acontecimento assim o justificar.

A reunião de acompanhamento deve ser rápida o suficiente para cumprir sua finalidade, e é importante não deixar que ela se transforme numa reunião mais ampla que trate de assuntos extraprojeto.

A duração recomendada é de 1 a 2 horas, e para o sucesso dessas reuniões recomenda-se:

- relato breve quantificado do *status* dos principais marcos do projeto;
- apresentação de fatos e informações relevantes que permitam análise e acompanhamento do desenrolar do projeto;
- apresentação de propostas de solução para problemas levantados, ao invés de apenas sua descrição;
- avaliação das possíveis sanções que poderão ser aplicadas caso ocorram atrasos ou imprevistos no projeto, especialmente as que envolvem qualidade do trabalho, cronograma e custos;
- alocação de tarefas, responsáveis e prazos para todas as medidas e decisões surgidas na reunião;
- preparação de uma ata das decisões tomadas a ser distribuída para todos os envolvidos nas decisões tomadas, e para o cliente e *stakeholders*.

➤ Reunião de encerramento ou de entrega do projeto (*end up meeting*)

A reunião de encerramento ou de entrega caracteriza e formaliza o fim daquele projeto e todo o envolvimento do gerente e sua equipe com ele. A partir desta reunião o projeto é considerado entregue e funcionando a contento, perdendo suas características de projeto e passando a ter vida própria e funcionamento independente.

Deve ser uma reunião formal, com a presença do cliente, *stakeholders* mais envolvidos (como financiadores, patrocinadores e outros), gerente do projeto e representantes da equipe do projeto. Sua duração recomendada é a mesma da reunião de partida, embora ela possa se estender por mais tempo, dependendo do tamanho e da complexidade do projeto desenvolvido.

Nessa reunião serão abordados obrigatoriamente os seguintes tópicos:

- descrição resumida do projeto, desde seu início até sua finalização;
- síntese das fases e marcos principais e caracterização do cumprimento de tudo que ficou acertado e aceito pelo cliente em cada fase;
- certificação de que o projeto sendo entregue neste momento cumpre todos os requisitos acordados ao início, ou modificados e redimensionados pelas partes ao longo dos trabalhos;
- assinatura pelas partes de um termo de finalização e aceite do projeto;
- prestação de contas e outras providências administrativas de encerramento;
- entrega formal dos produtos resultantes da realização do projeto.

Após realizada essa reunião o projeto está encerrado.

➤ Dicas de como organizar suas reuniões

Uma reunião é um encontro entre pessoas, organizado e dirigido segundo regras de participação e colaboração conhecidas por todos e que visa, através de troca de ideias e opiniões, a exposição de fatos e experiências de seus participantes, coletar subsídios, apresentar ideias, definir novos métodos ou propor soluções para problemas, de maneira a que se formulem alternativas e se tomem decisões a respeito desses problemas.

Com que objetivos são feitas reuniões?

- integração das pessoas, formando uma equipe de trabalho;
- definição e clarificação de problemas;
- estabelecimento e classificação do que é causa e do que é efeito, ajudando assim a definição mais precisa dos problemas;
- coleta de sugestões e críticas de cada participante e área sobre os assuntos em discussão;
- equacionamento de problemas, com a análise de todas as contribuições dadas e a identificação de caminhos que levam à sua solução;
- aprendizado através das experiências vividas por alguns e passadas aos demais participantes;
- venda ou convencimento dos outros sobre a validade e propriedade de determinadas ideias.

Existe ainda um objetivo nobre, que é o uso da reunião como uma forma de treinamento. Numa reunião, os participantes são submetidos a estímulos coletivos, sendo chamados à ação e reação. Emitem conceitos e opiniões e ouvem ideias dos outros, participando então de um ambiente de capitalização de experiências extremamente fértil e propício ao treinamento de todos.

Uma reunião é composta de três fases:

- Fase I: **Planejamento.**
- Fase II: **Realização.**
- Fase III: **Acompanhamento.**

Na Fase I questiona-se a realização da reunião, e havendo necessidade de ser realizada, ela é preparada e planejada para que atinja os resultados pretendidos. Para a Fase I funcionar é preciso:

- estabelecer objetivos;
- selecionar os tópicos a serem discutidos;
- escolher os participantes;

- planejar e divulgar a agenda de convocação;
- preparar-se para a reunião.

Na Fase II acontece a reunião propriamente dita, que obedece à preparação feita na Fase I e deve ser conduzida com objetividade e firmeza para que sejam alcançados os resultados pretendidos. Aqui é importante definir:

- quem conduz a reunião;
- quais os outros papéis na reunião;
- processo de realização;
- critérios de participação e tomada de decisão;
- confecção da ata e atribuição de responsabilidades;
- responsabilidades para a Fase III.

Na Fase III é checado o andamento das decisões tomadas e são feitas as correções julgadas necessárias. Devem acontecer nesta fase:

- acompanhamento das decisões tomadas na Fase II;
- comunicação e correção de desvios relatados ou verificados;
- avaliação da necessidade de nova reunião.

➢ Regras e segredos para se obterem melhores resultados

Alguns dos conselhos a seguir podem melhorar suas reuniões:

- Prepare sempre uma agenda com os assuntos a serem discutidos e distribua entre os participantes com antecedência. Mesmo que ela vá ser divulgada oralmente por conta da pressa, não deixe de prepará-la.
- Inicie e termine as reuniões na hora combinada, penalizando quem se atrasa e não quem chegou na hora.
- Não aceite interrupções externas ou, na impossibilidade real disso, faça com que elas sejam breves e ocorram um número mínimo de vezes.
- Chame as pessoas pelo nome, para criar um clima de descontração.
- Estabeleça no início um tempo máximo para cada um falar, e lembre para que cada um se discipline quando estiver com a palavra.
- Nenhuma reunião deve durar mais que 2 horas sem pausa. Caso seja necessária uma reunião de 3 horas, faça um intervalo de 10 a 20 minutos no meio do período, permitindo assim que os participantes se levantem, saiam da sala, tomem café, ou resolvam qualquer assunto pendente.

- As pessoas são diferentes e se manifestam a partir de diferentes contextos, pontos de vista e interesses. Compreender isto é importante no processo de entender o comportamento de cada um nas reuniões.
- Jamais ironize uma situação, zombe de alguém ou desqualifique qualquer participante. É importante lembrar sempre que a educação e o respeito com as pessoas vêm em primeiro lugar.
- Peça para que alguém prepare a ata da reunião enquanto ela está sendo realizada. Atas redigidas depois das reuniões são por vezes contestadas. O segredo é lê-las antes do final da reunião, pois isso torna mais fácil obter-se a concordância com o que foi escrito.
- Use recursos audiovisuais sempre que precisar de apoio para apresentar, divulgar ou vender suas ideias. Entre os diversos recursos disponíveis é possível escolher: quadros branco ou negro (lousa), flipchart, slides, filmes, vídeos, CDs e DVDs, computador e canhão de projeção, internet/intranet e TV Executiva.

➤ Agenda, ata, sabe, aquelas caretices

Registrar é preciso, nos dois sentidos da palavra: exato e necessário. Não se trata de uma novidade. Basta lembrar uma frase latina gravada numa tumba antiga, à saída de Roma: *Verba volent, scripta manent*. O que significa: as palavras voam, o que é escrito permanece. No caso, já dura dois mil anos. Por achar-se que não é necessário, por preguiça, pressa ou comodidade, em muitas reuniões não se utilizam de instrumentos que as tornam mais fáceis de organizar, conduzir e acompanhar, que são uma agenda de convocação e uma ata ou registro. Já citados nas Fases I e II, estão ilustrados nas páginas 143 e 144.

➤ Reuniões à distância

Cada vez mais a tecnologia coloca à disposição dos projetos instrumentos para as equipes que precisam se reunir e não estão no mesmo local físico: comunicação de dados, voz e imagem integrados. Qualquer que seja essa tecnologia, é preciso estar atento aos seguintes pontos:

- Qual a tecnologia e software mais adequados para a situação: videoconferência, teleconferência, chat, software de reuniões?
- Que protocolo foi estabelecido? Quem fala primeiro? Quem coordena? Quem é responsável pelo registro e distribuição posterior de resultados?

Agenda de Convocação de Reunião			
Data	Local	Início	Término

Objetivos

Participantes

Item	Assunto	Duração

Convocada por	Telefone / fax / e-mail

Observações e recomendações

Ata de Reunião				
Data		Local	Início	Término
Participantes				

Item	Principais resultados obtidos

Item	Ações a serem tomadas	Responsável	Prazo

Caso discorde dessa ata, comunique-se com o relator até / / .

Relatada por	Telefone/fax/e-mail

Rubrica dos participantes (caso seja feita ao final)

- Obediência a horários, agenda e organização (sequência de fala, interrupções, pausas).
- Preparação prévia para otimização dos recursos e tempo dos participantes.
- Em reuniões internacionais, considerações relativas a língua, horários diferentes, costumes e hábitos dos participantes. E também a procedimentos técnicos e padrões locais.

Capítulo 14

Por que e como Administrar os *Stakeholders* do Projeto

Stakeholders ou partes interessadas são aqueles indivíduos ou organizações positiva ou negativamente afetados pelas atividades ou resultados finais de um projeto. Eles têm algo a ganhar ou a perder: têm direitos ou interesses no projeto. Isso envolve as pessoas que trabalham no projeto, aquelas que o influenciam e as que serão impactadas por ele.

Segundo o *PMBOK* (4ª edição, 2008), "as partes interessadas são pessoas ou organizações (por exemplo, clientes, patrocinadores, organização executora ou o público) ativamente envolvidas no projeto ou cujos interesses podem ser positiva ou negativamente afetados pela execução ou término do projeto. Elas também podem exercer influência sobre o projeto, suas entregas e sobre os membros da equipe do projeto. A equipe de gerenciamento do projeto precisa identificar as partes interessadas, tanto internas quanto externas, a fim de determinar os requisitos e as expectativas de todas as partes envolvidas em relação ao projeto. Além disso, o gerente do projeto precisa gerenciar a influência das várias partes interessadas em relação aos requisitos do projeto para garantir um resultado bem-sucedido."

➤ O que é administração de *stakeholders* e por que se preocupar com isso?

A administração de *stakeholders* é uma abordagem estruturada voltada à compreensão da influência exercida pelos participantes, patrocinadores e supervisores do projeto, e ao subsequente planejamento para se influenciar cada um dos envolvidos. A palavra-chave aqui é "estruturado", em contrapartida à utilização da abordagem meramente intuitiva. Embora os *stakeholders* de um projeto venham sendo sempre administrados de uma forma ou de outra, a administração estruturada de *stakeholders* permite uma visualização global de tudo o que se precisa fazer para influenciar todos os formadores de opinião.

A falta de uma sistemática para lidar tanto com os participantes diretos quanto com os demais *stakeholders* que atuam por trás dos panos é um convite aberto para o desastre. Mais cedo ou mais tarde, alguém lançará sobre a mesa do projeto um obstáculo inesperado. No mínimo, esse obstáculo implicará em voltar atrás, provocará retrabalho e certamente lidar com muitos conflitos.

➤ Quem são os *stakeholders*?

Ao propor o projeto Apollo na década de 1960 o presidente Kennedy havia se limitado inicialmente a dizer "antes do final desta década, colocaremos um homem na lua". Dizem que os astronautas da NASA adicionaram as palavras "...e o traremos são e salvo de volta à Terra" ao objetivo inicial de Kennedy.

Algumas pessoas têm mais a perder ou a ganhar do que outras, exatamente como o porco e a galinha na produção de bacon e ovos: sem sombra de dúvida que o comprometimento do porco é maior.

➤ A seguir, listamos alguns *stakeholders* com diferentes envolvimentos

Patrocinadores (por vezes chamados de "campeões") – Os membros deste grupo são muitas vezes os responsáveis pela existência do projeto. São eles que geralmente iniciam o movimento e estão interessados em ver o projeto realizado e atingindo o estágio operacional. Exemplos são os investidores, diretores, a alta gerência, clientes (externos ou internos) e gestores e políticos que ocupam cargos públicos (como ministros, deputados e governadores).

Participantes – Este grupo realiza as tarefas do projeto. Por vezes não estão presentes na fase inicial de conceituação e provavelmente não participarão na fase operacional do projeto, ou seja, quando ele estiver entregue e funcionando. Alguns papéis-chave são: o gerente do projeto, os membros da equipe, fornecedores, empreiteiros, especialistas e agências reguladoras.

Stakeholders externos – Embora não estejam envolvidos diretamente, podem sofrer com os "efeitos colaterais" do projeto. Em outras palavras, podem ser afetados pelo projeto à medida que este é desenvolvido ou pelo seu resultado final, tão logo esteja implantado. É comum vê-los influenciando o andamento do projeto com sua atuação. São exemplos de *stakeholders* externos os ambientalistas, líderes de comunidade, grupos comunitários, a mídia e familiares dos integrantes do projeto.

➢ Quais os passos para a administração bem-sucedida de *stakeholders*?

Apesar da intuição ser importante para lidar com *stakeholders*, uma abordagem passo a passo é recomendada para assegurar que todos os fatores relevantes sejam considerados. Segue uma sugestão da sequência de atividades para garantir que os *stakeholders* sejam administrados adequadamente:

1. **Identifique e colete informações preliminares sobre os *stakeholders*.**

    Faça uma lista de todos que reivindicam parte do resultado do projeto. Isto inclui os patrocinadores, os participantes e os *stakeholders* externos. Identifique informações relevantes como papéis, departamentos, interesses, expectativas e níveis de influência dessas partes interessadas.

    Cleland e Ireland, no livro *Gerência de Projetos*, classificam os *stakeholders* segundo o esquema a seguir:

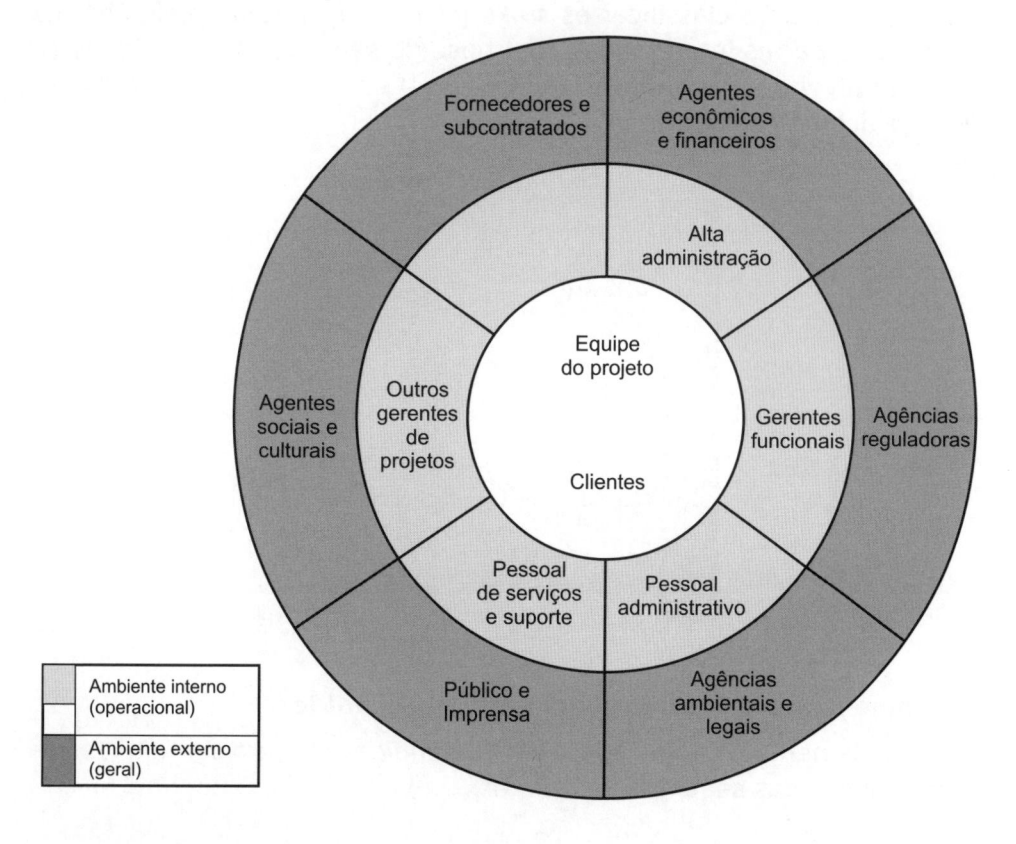

Lembre-se de que os *stakeholders* devem ser identificados como pessoas, e não apenas como departamentos ou grupos.

2. **Analise o provável comportamento dos *stakeholders* e/ou impacto em potencial.**

Até que ponto os *stakeholders* podem causar impacto no projeto? E até que ponto seu comportamento pode ser influenciado? Aqui está uma forma simples de classificar *stakeholders*:

a = *stakeholders* que podem ser fortemente influenciados
b = *stakeholders* que podem ser influenciados moderadamente
c = *stakeholders* que podem sofrer pouca influência

Os *stakeholders* podem ser classificados também pelo grau de impacto sobre o projeto:

d = *stakeholders* que exercem forte impacto sobre o projeto
e = *stakeholders* de médio impacto sobre o projeto
f = *stakeholders* de baixo impacto sobre o projeto

O *PMBOK* sugere classificar os *stakeholders* por grau de poder/interesse, que agrupa as partes interessadas com base no seu nível de autoridade ("poder") e seu nível de preocupação ("interesse") em relação aos resultados do projeto, de acordo com a matriz a seguir:

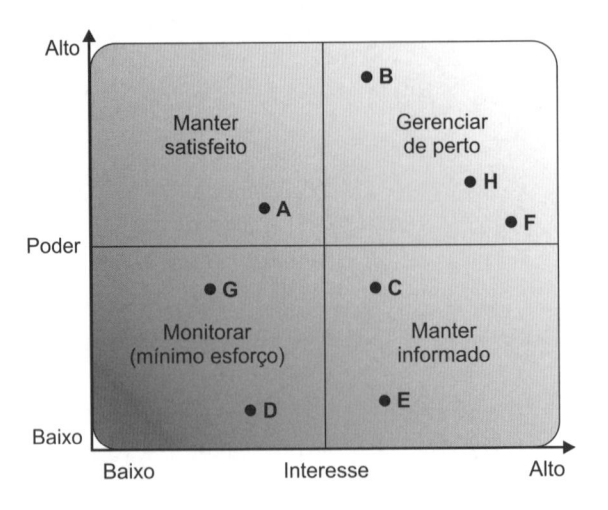

3. **Planeje como deve lidar com cada *stakeholder*.**

O planejamento de como lidar com *stakeholders* deverá ser feito "sob medida" em função das seguintes perguntas:

Quem deve interagir com o *stakeholder*?

Qual o melhor momento para fazê-lo?

Qual o objetivo ou posição verbalizada pelo *stakeholder* com relação ao projeto?

Qual a provável agenda oculta do *stakeholder*?

Quais as influências exercidas sobre o *stakeholder*?

Quais as abordagens que devem ser usadas?

As respostas a essas perguntas fornecerão as informações necessárias para se elaborarem as táticas para lidar com os *stakeholders*. A gerência do projeto deve manter uma ficha para cada *stakeholder* listando suas características e expectativas básicas, o responsável pelo acompanhamento do *stakeholder*, ações e iniciativas a serem tomadas e os respectivos prazos para sua realização.

4.   Implante e mantenha a estratégia.

Esta fase demanda a execução de atividades específicas. Assegurar-se de que ações específicas, partes responsáveis e datas sejam formalmente estabelecidas, e o ajuste da estratégia de implementação esteja de acordo com as necessidades surgidas durante o processo de execução.

Implante a estratégia de acordo com a importância relativa dos *stakeholders*. Dê maior ênfase a um número menor de *stakeholders* que tenham grande impacto sobre o projeto, dedique esforços normais sobre um grupo intermediário e apenas atenção moderada sobre aqueles de menor impacto.

➢ Conclusão

A administração bem-sucedida de *stakeholders* exige uma abordagem estruturada para lidar com as partes que têm algo em jogo num determinado projeto. Isso quer dizer que os campeões, participantes e *stakeholders* externos precisam ser administrados usando uma abordagem passo a passo.

A administração estruturada de *stakeholders* aumenta a probabilidade de sucesso em projetos e diminui as chances de surpresas indesejáveis.

Capítulo 15

Desenvolvendo um Programa para Aplicar os Princípios

A leitura dos capítulos deste livro apresenta aos gerentes de projetos, atuais e futuros, um universo para o qual nem sempre dispõem de tempo para se dedicar e aperfeiçoar, e que gostariam de conhecer melhor para usar esses conhecimentos e habilidades em benefício de seus projetos. Alguns certamente já tiveram fracassos por conta de fatores humanos mal gerenciados.

Harold Kerzner é considerado por muitos especialistas da área o maior autor sobre gerenciamento de projetos, e seus livros são fonte de consulta e referência em livros sobre o assunto. Em entrevista exclusiva à revista *Mundo PM* de junho de 2005 Paul Dinsmore perguntou a Kerzner:

- Quais as principais causas para fracassos em projetos?
- São as mesmas de 15 anos atrás?
- Quais são as atuais?
- Como diferem do passado?

A resposta de Kerzner é clara e direta: "Se voltássemos 15 ou mais anos atrás, colocaríamos a culpa por todas as falhas no pobre planejamento, cronograma e controle de custo. Hoje, minha crença é que a maioria das falhas é resultado mais dos fatores comportamentais do que dos fatores quantitativos. Isso inclui questões como baixa moral, fraco trabalho em equipe, falta de comunicação efetiva, baixa motivação e trabalhar para um gerente de projeto que não tem interesse em crescer, prezar pela saúde e bem-estar da equipe".

Que tal?

Dando a partida

Despertar equipes de formação técnica para o desenvolvimento comportamental não é difícil. Esses profissionais são abertos às novidades e mudanças: afinal, o que é um projeto senão implantar uma mudança para melhor? O desafio é fazer de uma forma tal que eles participem e se envolvam, mas que também compreendam o que está acontecendo com eles, pois precisam de mais explicações que os convençam e os deixem seguros dos processos e métodos utilizados.

Um bom começo é fazer um levantamento da situação e formação da equipe em assuntos não técnicos, e isso deve ser realizado através de questionários e entrevistas pessoais. O objetivo é obter um mapa que trace o perfil de cada um e aponte linhas de atuação para o treinamento e capacitação de todos e de cada um em particular. A Figura 14-1 ilustra os passos sugeridos.

Lembre-se: técnicos em geral querem saber o processo a que serão submetidos, principalmente em assuntos que não conhecem e que por vezes até criticam ou desdenham. Mantê-los informados sobre objetivos e métodos de trabalho quebra barreiras, preconceitos e dúvidas que possam haver em relação a temas que não lhes são totalmente familiares.

Mensuração de resultados
Uso das técnicas aprendidas
Resultado do uso dessas técnicas
Feedback para nova capacitação

Habilidades específicas
Organização de projetos, Trabalhando interfaces,
Poder, política e influência, *Team building*,
Estudo do comportamento humano
GPEX® – Project Management Experiential Learning

Habilidades gerais
Planejamento e estratégia, Administração do tempo,
Tomada de decisão, Comunicação, Negociação
Técnicas de reunião

Programa de capacitação e treinamento
Filosofia e objetivos
Leituras recomendadas e bibliografia para consulta e estudo
Programa de treinamento básico, dirigido e avançado e *coaching*

Levantamento
Questionários
Entrevistas pessoais
Traçar perfil individual
Avaliar necessidades

FIGURA 14-1 Cinco passos para a capacitação comportamental em projetos

➢ Sugerindo um caminho

O resultado do levantamento apontará opções de capacitação e treinamento, pois será traçado o perfil da equipe, sua formação, seus interesses, suas necessidades e temas mais recomendados para um programa de desenvolvimento profissional e pessoal na área comportamental e gerencial.

Um programa macro deverá conter os seguintes tópicos e alternativas:

- filosofia e objetivos da capacitação;
- leituras recomendadas tanto de introdução como mais dirigidas a temas específicos, e bibliografia completa para consulta e estudo;
- programa de treinamento sugerido;
- básico, para toda a equipe;
- dirigido, para carências apontadas no levantamento;
- complementar ou avançado, dependendo de cada caso e interesse;
- programa de *coaching*.

➢ Habilidades específicas

O mercado de treinamento e desenvolvimento oferece muitas opções, e os não especialistas no assunto podem ficar confusos ou fazerem opções menos recomendadas. O início de um processo de capacitação deve criar resultados positivos e que estabeleçam confiança no grupo de que isto os ajudará durante todo o projeto, e certamente depois de terminado. O uso de alternativas que não produzam os resultados desejados neste momento pode comprometer todo esse esforço, ou pior, trazer a descrença ou a desconfiança de que estão desperdiçando o tempo da equipe, que podia ser usado em outras atividades. É sempre recomendável que a área de recursos humanos seja parceira neste processo, e com a ajuda dela o programa certamente terá mais chances de sucesso.

Algumas experiências já realizadas nesta área e que produziram frutos:

- Negociação gerencial, habilidade que todos necessitam em projetos e for a deles.
- Técnicas de apresentação, para os que necessitam expor ou vender suas ideias em congressos, reuniões de acompanhamento ou encontros realizem apresentações melhores e mais convincentes.
- Comunicação interpessoal, para o aprimoramento do contato humano.

- GPEX® – *Project Management Experiential Learning*, programa apresentado pela Dinsmore Associates que tem por objetivo fazer com que os profissionais da empresa vivenciem situações de projetos, através de atividades experienciais, e trabalhem conceitos ligados a riscos, conflitos, comunicação, fluxo de informações, planejamento, papéis e responsabilidades e trabalho em equipe.
- Capacitação em Gerência de Projetos para não especialistas, em que partes interessadas (*stakeholders*) que não são da área de projetos adquirem conhecimentos e uma linguagem básica sobre o assunto para dialogar durante projetos dos quais participam.
- Administração de conflitos, pois as diferenças entre os participantes do projeto são naturais e desejáveis, mas devem ser gerenciadas para que sejam solucionadas em prol dos resultados do projeto.

➢ Mensuração de resultados

Treinar e capacitar é muito importante, mas saber se os resultados foram alcançados é tão importante quanto aplicar o treinamento recomendado. Afinal, não é isso que fazemos em projetos ao comparar previsto *versus* realizado?

Antes dos programas de treinamento tínhamos um perfil da qualificação dos membros da equipe, feito através de levantamentos e entrevistas realizadas para este fim. A mensuração tem por objetivo verificar se o aprendizado e os ganhos obtidos pela capacitação produziram os frutos desejados. Recomenda-se ao final da etapa realizar um levantamento de aprendizado, para verificar o que foi realmente absorvido e será usado pelos participantes. Recomenda-se também uma verificação mais tarde sobre o emprego das técnicas aprendidas, e sobre o resultado e melhoria que o uso de tais técnicas trouxe para os participantes e para o projeto como um todo.

E é bom lembrar o que aprendemos com o uso dessas técnicas. O *Guia PMBOK* cita diversas vezes as lições aprendidas durante o uso das técnicas e processos que estabeleceu para melhor gerenciarmos nossos projetos. Que tal usar a mesma abordagem em relação ao aprendizado durante o treinamento comportamental e gerencial sugerido acima?

Uma Visão Clássica de Gerenciamento de Projetos

Anexo 1

Este anexo apresenta a visão clássica de gerenciamento de projetos. Se você quiser rever os fundamentos – ou se você é novo na área de projetos, leia-o com atenção e entenda os fundamentos básicos. Mas se você já conhece o assunto e prefere concentrar-se no lado humano de gerenciar projetos, folheie este capítulo ou vá direto para o Capítulo 1.

Como definir o gerenciamento de projetos? É uma forma de administração aplicada a projetos, é uma maneira de se acompanharem os passos da realização de um projeto ou é algo mais completo? Uma tarefa para especialistas e técnicos que conheçam bem o que será realizado, uma tarefa para gestores, acostumados a lidar com administração e finanças, ou ainda um trabalho para profissionais de ciências humanas e sociais, já que estarão envolvidas equipes e pessoas durante o trabalho? Tudo isso ou de tudo um pouco?

Vamos começar pelas definições essenciais e responder a estas e outras perguntas que surgem sempre que se trata de projetos.

➢ Projetos e seu gerenciamento

Um **projeto** é um esforço temporário realizado para criar um produto ou serviço único, diferente de alguma maneira de todos os outros produtos e serviços. Possui início e fim definidos, utiliza recursos, é dirigido por pessoas e obedece a parâmetros de custo, tempo e qualidade.

O **gerenciamento de projetos** se refere à aplicação de conhecimentos, habilidades, ferramentas e técnicas às atividades do projeto a fim de satisfazer seus requisitos.

Embora existam diferenças sutis de interpretação entre **gerenciamento de projetos**, **gerenciamento de programas**, **gerenciamento de construção** e **gerenciamento de empreendimentos**, usaremos neste livro **gerenciamento de projetos** como um conceito amplo e abrangente.

➤ O ambiente onde os projetos acontecem

No ambiente funcional de uma empresa o trabalho segue processos, métodos e rotinas. Procura-se manter o fluxo de trabalho sem interrupções e mudanças. A qualidade está sempre em jogo, a produtividade é importante e os resultados também. Mudanças permanentes nessas rotinas e processos podem comprometer esses resultados. E assim o trabalho deve seguir dentro dos padrões em uso.

Mas um novo produto precisa ser lançado, um concorrente cria uma novidade e influencia o mercado, uma nova tecnologia surge, ou um processo diferente e mais produtivo é descoberto. É necessário então fazer uma mudança para que se continue competitivo e presente no mercado, nossos estrategistas de marketing vão lançar uma nova campanha, ou mesmo no campo pessoal, compramos um novo imóvel e temos que nos mudar. Estão criadas as condições que justificam a existência de um projeto. É desenvolvida uma solução que atenda às necessidades, e o projeto é implantado, como indica a Figura A1.1.

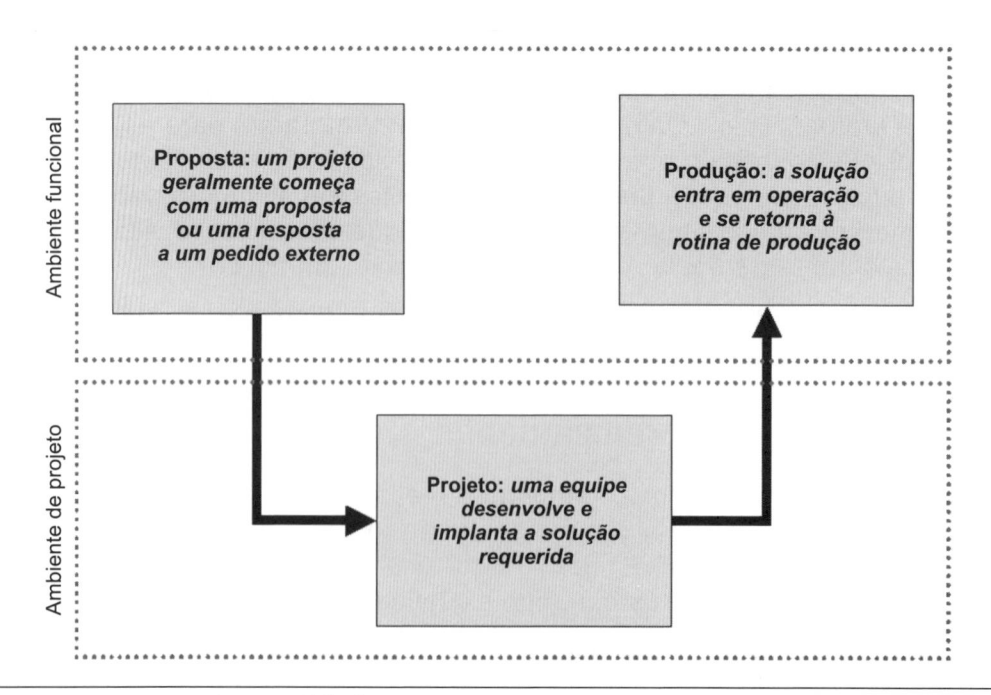

FIGURA A1.1 – Ambientes funcional e de projetos

Mas a produção precisa ser retomada, empregando agora os benefícios trazidos por esse projeto. E volta-se ao ambiente funcional, enriquecido com as soluções criadas.

E o início do século XXI apresenta um cenário complexo e desafiador para a realização de projetos com sucesso. Os fatos ocorridos no final do século XX nas áreas econômica, política e social transformaram o mundo, e a condução de projetos numa empresa privada, num órgão governamental ou num empreendimento social, e até mesmo em pequenos projetos pessoais, sofre hoje o impacto desses acontecimentos, como exemplificado na Figura A1.2.

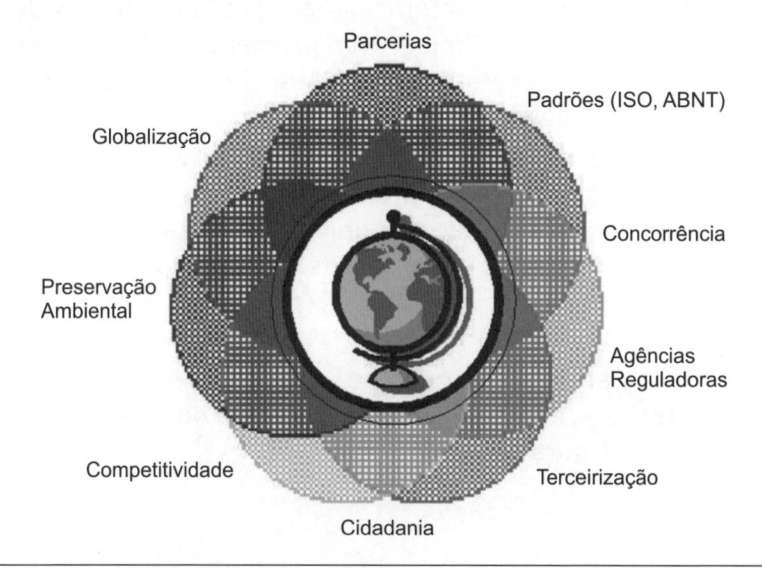

Figura A1.2 – O cenário do início do século XXI

Projetos são realizados sob regime de pressão por melhores resultados, tendo que obedecer a padrões nacionais e internacionais, atender a determinações de agências reguladoras, usando equipes próprias e terceirizadas e respeitando o meio ambiente e valores de cidadania entre outros requisitos! Assim, torna-se indispensável se dispor de um conjunto de práticas a serem aplicadas por todos aos projetos, de modo a que possam terminar dentro dos objetivos definidos ao início, no prazo, com custos sob controle e com qualidade. É o que veremos a seguir.

➢ Conjunto de conhecimentos do gerenciamento de projetos

O PMI (Project Management Institute) é uma organização com sede nos Estados Unidos que congrega profissionais de gerenciamento de projetos que buscam desenvolver e divulgar conhecimentos que permitam aos gerentes de projetos aperfeiçoar seu trabalho. Sua publicação denominada *Conjunto de Conhecimentos do Gerenciamento de Projetos* apresenta por áreas os conhecimentos necessários para se gerenciarem projetos: escopo, tempo, custos, qualidade, comunicação, recursos humanos, aquisições, risco e integração.

Nem todos os autores e profissionais concordam que estas categorias representem a essência do gerenciamento de projetos. O próprio PMI faz aperfeiçoamentos a cada atualização dessa publicação, como fez nas versões 2000 e 2004 e na versão 2008, que é chamada de 4a. edição.

Existem outras organizações internacionais que também abordam o assunto, como a APM (Association for Project Management), com base na Inglaterra, e a IPMA (International Project Management Association), que é uma federação de diversas entidades nacionais.

Neste livro fazemos mais referências ao modelo PMI, uma tentativa sólida e estruturada de organizar o conhecimento necessário para uma boa gerência de projetos. Mais informações estão disponíveis no site www.pmi.org e através de regionais do PMI em cidades como Rio de Janeiro (www.pmirio.org.br), São Paulo (www.pmisp.org.br), Porto Alegre (www.pmirs.org), Belo Horizonte (www.pmimg.org.br) e Brasília (www.pmidf.org.br), entre outras.

As três primeiras áreas a serem estudadas pelo PMI, prazos, custos e qualidade, formam o que se chama de Trinômio Sagrado do gerenciamento de projetos, como vemos na Figura A1.3.

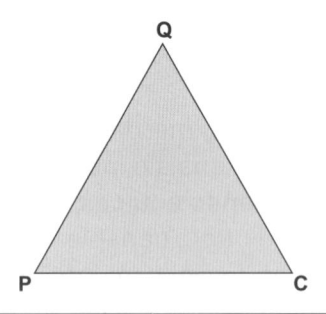

FIGURA A1.3 – O Trinômio Sagrado

➢ Gerenciando o tempo (prazos)

A corrida contra as datas do calendário estabelece o ritmo de trabalho, e o tempo é um padrão importante para avaliar o sucesso em projetos. É uma característica que marca as atividades do começo ao fim, e que faz com que o trabalho em projetos se destaque de trabalhos de natureza operacional ou de processos.

Em projetos complexos, abordagens baseadas em sistemas sofisticados ajudam a controlar o tempo. Técnicas de redes de interdependência, como PERT, CPM ou PDM, apoiadas por sistemas informatizados, são usadas no planejamento e no controle das atividades do projeto.

➢ Gerenciando custos

Os projetos giram em torno do dinheiro. É o que os faz se moverem para adiante, e geralmente a razão para sua existência é gerar mais dinheiro ou benefícios correlatos para os envolvidos ou para a organização responsável. Podem-se expressar projetos em termos financeiros somando-se os custos de equipamentos, materiais, mão de obra, assistência técnica, bens imóveis e financiamentos. Até o tempo pode ser apresentado em termos monetários. O gerenciamento de projetos é responsável pelo controle dos custos globais para manter os projetos dentro do orçamento aprovado. E a administração do fluxo de caixa colabora para otimizar a utilização dos recursos financeiros durante o período de existência do empreendimento.

As equipes de projetos enfrentam tanto desafios financeiros quanto econômicos, à medida que trilham o estreito caminho entre os fundos orçados e as despesas realizadas. Em última análise, os projetos resumem-se a dinheiro e gastos. É isto que faz com que o projeto progrida e é a razão da sua existência: gerar mais recursos ou benefícios para o proprietário ou organização patrocinadora do projeto.

➢ Gerenciando a qualidade

A atenção para com a qualidade é uma das metas principais do gerenciamento de projetos. Os padrões de qualidade são ditados pelos requisitos do projeto, especificações e adequação ao uso. Esses padrões são usados como base para monitorar o desempenho do projeto.

Mesmo em projetos que não usam especificações detalhadas para estabelecer padrões de qualidade, espera-se um mínimo de qualidade funcional. E as pressões exercidas por outros fatores, como custo e tempo, podem provocar negociações nas quais a qualidade será comprometida em favor do cronograma ou do orçamento. Contudo, a defesa da qualidade do projeto permanece como uma das responsabilidades primordiais do gerenciamento do projeto.

Estudos posteriores reformularam o triângulo inicial ao incluir o Escopo, como na Figura A1.4.

```
Q                    Escopo



P                    C
```

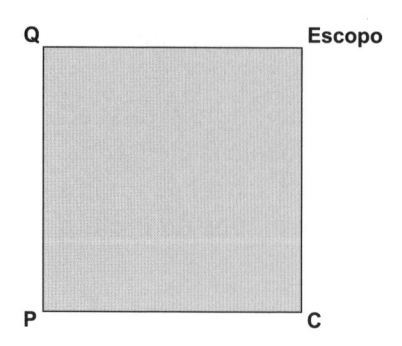

FIGURA A1.4 – As quatro áreas

➢ Gerenciando o escopo (abrangência)

O escopo refere-se à definição das fronteiras entre determinadas tarefas, atividades, contratos, atribuições, responsabilidades e missões. Ele define onde termina um trabalho e começa outro, já que muitos projetos têm áreas inadequadamente definidas.

Como o escopo deverá realmente ser gerenciado? Eis algumas respostas: pelo planejamento e documentação de itens que passam, através das interfaces, de uma área para outra. Grande parte do gerenciamento do escopo pode ser feita por meio de coordenação diária e da realização de reuniões periódicas. Outros controles de escopo incluem o uso de procedimentos formais, formulários e sistemas de monitoração. O gerenciamento do escopo do projeto ajuda a definir que a equipe realizará todo e somente o trabalho necessário para que o projeto seja bem-sucedido.

Posteriormente mais quatro áreas foram incluídas, a saber: recursos humanos, riscos, comunicações e aquisições, como visto na Figura A1.5.

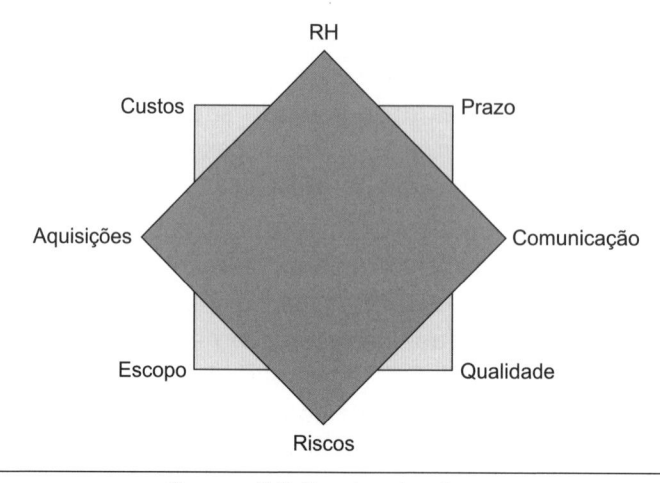

```
                      RH
         Custos              Prazo

    Aquisições                    Comunicação

         Escopo               Qualidade
                     Riscos
```

FIGURA A1.5 – As oito áreas

➤ Gerenciando recursos humanos

Os recursos humanos nos projetos requerem o gerenciamento a partir de três ângulos diferentes. Em primeiro lugar, o lado administrativo e burocrático exige atenção para garantir que se atendam às necessidades dos funcionários. Estas atividades abrangem a função de pessoal, incluindo recrutamento e seleção, administração de salários, benefícios, férias etc.

Administrar a alocação de mão de obra é outro lado do gerenciamento de recursos humanos. Quantas pessoas e com que qualificações serão necessárias durante qual período de tempo em cada atividade?

Mas o lado comportamental desse gerenciamento requer atenção para assuntos ligados ao treinamento e o desenvolvimento necessários à equipe, à motivação e liderança da equipe durante todo o empreendimento e à resolução de conflitos ocorridos, só para citar alguns. Administrar bem os recursos humanos é a chave para atender às necessidades do projeto, uma vez que todas as ações são tomadas direta ou indiretamente por pessoas. Os demais capítulos deste livro tratam deste tema em profundidade.

➤ Gerenciando as comunicações

Gerenciar comunicações num projeto engloba o conjunto de processos que asseguram a geração, coleta, armazenamento e distribuição apropriada das informações do projeto. É preciso que as comunicações atendam ao planejamento estratégico, ao planejamento do projeto propriamente dito, às normas, aos padrões e aos procedimentos. O sucesso de um projeto depende da eficácia das informações, e a atenção gerencial precisa ser orientada para definir os canais de comunicação que irão atender às necessidades desse projeto.

As comunicações interpessoais também requerem atenção, pois os membros da equipe precisam ter habilidades para interagir com eficácia, como descrito neste livro num capítulo sobre o tema. E as comunicações com a comunidade em geral, com enfoque em relações públicas, pode ser necessário para quebrar resistências e influenciar o público ou futuros usuários.

A comunicação de informações gerenciais deve se preocupar, por exemplo, em como a informação será organizada e comunicada às pessoas? Através de impressos, por meio de correio eletrônico, através de página/site na internet ou em reuniões? Com que frequência, com que objetivos e que linguagem usar para cada público-alvo?

➤ Gerenciando o risco

Em um ambiente estável, as decisões podem ter por base a experiência, dados históricos ou conhecimento prático. Em situação de certeza verdadeira, as decisões podem ser programadas conforme a seguinte diretriz: "Se algo acontecer, faça isso, se outra coisa acontecer, faça aquilo". Regras simples podem ser aplicadas, e decisões, facilmente tomadas.

Por outro lado, decisões tomadas sob condições de risco ou incerteza não são programáveis, e sob tais circunstâncias o projeto é caracterizado por diversas condições ambientais que exigem que a equipe do projeto se adapte a novas situações. Assim, gerenciar riscos deve ser um processo sistemático de definir, analisar e responder aos possíveis riscos do projeto, visando diminuir o seu grau de incerteza interna e externa. Alguns riscos a serem gerenciados incluem: dados físicos, oscilações econômicas e de mercado, riscos tecnológicos, riscos empresariais e comerciais e de mudanças sociais.

➢ Gerenciando aquisições (contratos e fornecimentos)

No gerenciamento de projetos é preciso lidar com os terceiros que fornecem serviços, mão de obra, materiais e equipamentos. O destino do projeto depende da capacidade da equipe de escolher bons fornecedores e prestadores de serviços, chegar a termos contratuais adequados e coordenar as atividades destes terceiros. A qualidade final do projeto dependerá do trabalho executado por terceiros. Portanto, os esforços gerenciais devem ser feitos no sentido de selecionar as empresas certas que irão executar as tarefas a serem contratadas.

Os termos contratuais negociados devem assegurar o atendimento das necessidades do projeto. E, finalmente, requer-se um esforço de coordenação e diligenciamento para garantir que a parte contratada realmente forneça as mercadorias ou serviços dentro do prazo estabelecido e com a qualidade especificada.

Finalmente uma última área foi acrescentada às existentes: Integração, como visto na Figura A1.6.

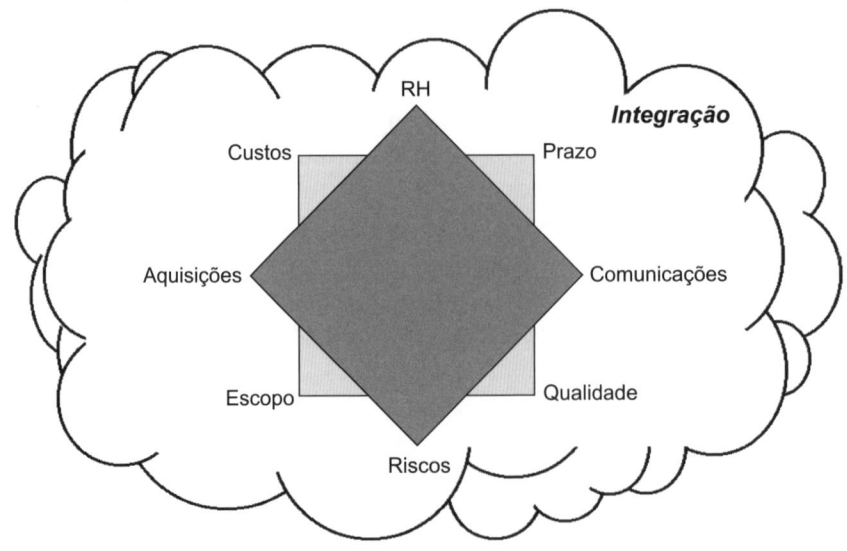

FIGURA A1.6 – As nove áreas

➤ Gerenciando a integração

Sua função principal é conseguir com que cada uma das oito disciplinas descritas funcione correta e harmonicamente. Ou seja, gerenciar integração é assegurar a coordenação entre elementos distintos do projeto e controlar eventuais mudanças durante sua realização.

Não basta entregar no prazo se os custos triplicarem, não basta manter custos sob controle se a qualidade não é mantida, e não basta fazer boas aquisições se estas aumentam os riscos do projeto. Assim, gerenciar a integração é como montar um quebra-cabeça, e tudo deve estar funcionando bem ao mesmo tempo.

➤ Ciclo de vida do projeto

O ciclo de vida de um projeto consiste no conjunto das suas diversas fases. A Figura A1.7 mostra as fases e o nível de atividade em cada fase do projeto.

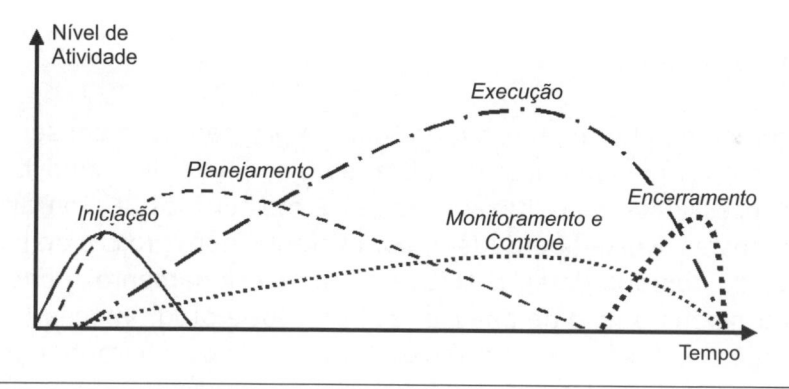

Figura A1.7 – Distribuição do nível de atividade ao longo do ciclo de vida de um projeto

Cada fase é caracterizada pelas seguintes atividades:

- A **fase de iniciação** (concepção) inclui identificação de necessidades, estabelecimento da viabilidade, procura das alternativas, desenvolvimento de orçamentos e cronogramas iniciais, nomeação da equipe e preparação da proposta.

- A **fase de planejamento** envolve a realização de estudos e análises, a programação de recursos humanos, materiais e financeiros, o detalhamento do projeto e a preparação do plano do projeto, para obtenção de aprovação para a fase de execução.

- As **fases de execução e controle** incluem o cumprimento das atividades planejadas. Incluem também a monitoração e o controle das atividades programadas e a modificações dos planos naquilo que for necessário.
- A **fase de encerramento** inclui a conclusão das atividades do projeto, treinamento do pessoal operacional, o comissionamento e a realocação dos membros da equipe do projeto.

➢ Superposição de etapas

O tempo pode ser subutilizado ou superaproveitado. Se houver atraso na implantação do projeto, o cronograma da fase operacional (pós-projeto) será afetado, criando um atraso na geração da receita prevista. Inversamente, recursos aplicados com o objetivo de agilizar o projeto podem ser amplamente recompensados se a receita operacional for antecipada. Portanto, o custo tempo do projeto determina o quanto o prazo do projeto deve se acelerado.

Há duas abordagens para programar projetos:

- em série; ou
- em fases superpostas.

Se o tempo não for um fator importante, a programação em série, na qual cada estágio é terminado antes de iniciar-se o seguinte, é exequível. Todavia, se houver necessidade de otimizar o tempo, é melhor fazer a programação em fases superpostas. Nesta abordagem, por exemplo, num projeto de informática a aquisição de computadores e softwares (aprovisionamento) pode começar antes de terminada a fase de análise (elaboração) e programação (execução). A programação em fases superpostas economiza tempo e garante o término do projeto mais cedo do que o seria no programa sequencial.

A programação com superposição de etapas está de tal forma integrada ao conceito de gerenciamento de projetos que algumas pessoas a consideram um termo sinônimo. Observa-se que os projetos conduzidos com atividades superpostas exigem muita habilidade na aplicação das ferramentas e práticas do gerenciamento de projetos, pois os fatores de custo, prazo e qualidade competem entre si.

➢ Gerenciamento eficaz depende de sistemas e de pessoas

À exceção de projetos muito pequenos, é necessário o uso de sistemas para conduzir os projetos ao término, dentro do orçamento, no prazo e dentro dos parâmetros de qualidade. Quer sejam manuais, mecânicos ou informatizados, os sistemas fornecem tanto bases de procedimentos como bases organizacionais para gerenciar as atividades diárias. Os sistemas apoiam o pessoal do projeto no planejamento, na integração e no monitoramento das bases do projeto, tais como dinheiro (utilizando sistemas de controle de custos ou prognosticando de fluxo de caixa), prazo (utilizando técnicas de planejamento e programação Gantt ou PERT/CPM/PDM), e qualidade (usando procedimentos de acompanhamento, controle e garantia). Os sistemas serão eficazes desde que haja envolvimento adequado das pessoas que fazem o trabalho.

Conseguir as coisas feitas através de pessoas é a meta principal de gerenciamento de projetos. Para um projeto ser bem-sucedido, as pessoas devem trabalhar juntas. Formação de equipe, gerenciamento de conflito e técnicas de comunicação são habilidades relacionadas a pessoas, sendo necessárias para fazer funcionar as atividades do projeto. Tudo em um projeto começa com pessoas. E um projeto progride como resultado da interação humana.

➢ O que o gerenciamento de projetos não é

Muitas concepções erradas tornam o ar do gerenciamento de projetos por vezes carregado, rarefeito, poluído ou até por demais oxigenado. Duas dessas concepções erradas:

➢ Gerenciamento de projetos não é uma rede

Tanto redes PERT/CPM/PDM como outras formas de representação em rede são ferramentas valiosas para mostrar graficamente o inter-relacionamento entre as atividades do projeto e detectar com precisão as tarefas críticas. Alguns gerentes acreditam que software como Primavera, Pert-Expert ou MS-Project são tão fundamentais para atingir os objetivos do projeto que eles são, de fato, a única ferramenta importante de gerenciamento. Contudo, confundir o uso exclusivo de redes com o gerenciamento de projeto é análogo a dizer que um motor é um carro. Um projeto com uma boa rede pode ser eficaz, mas sem outras ferramentas e práticas de gerenciamento de projetos é apenas um esforço bem-intencionado, uma pequena parte de um todo muito mais significativo.

➢ Gerenciamento de projetos não é uma fórmula mágica

Gerenciamento de projetos não é uma panaceia para resolver problemas em projetos, e as técnicas de gerenciamento de projeto não irão assegurar que ele irá terminar bem-sucedido. Cada projeto é único, e portanto não existem soluções "enlatadas". Mesmo os projetos "empacotados", tais como usinas termoelétricas, estão sujeitos a diferentes ambientes, geologias e culturas em cada local único.

Estrutura analítica

Embora tanto uma campanha presidencial quanto o acréscimo de um alpendre nos fundos de uma casa sejam projetos que compartilham certos princípios, uma fórmula detalhada para gerenciar um poderá ser de pouca utilidade para o outro.

Para serem planejados e controlados os projetos precisam ser desmembrados em segmentos gerenciáveis. As tarefas devem ser suficientemente pequenas para serem realizadas por aqueles que as desempenham, e não tão pequenas que se transformem em detalhes menores. A estrutura analítica do projeto (EAP) é uma técnica clássica utilizada para subdividir projetos em atividades mensuráveis e controláveis. Na EAP as atividades são subdivididas em níveis que as pessoas possam compreender, realizar e controlar.

Uma vez que esses segmentos gerenciáveis – que constituem o projeto – estejam completos, o projeto geral também está terminado e a EAP terá feito o seu serviço. A EAP é um meio gerencial para um fim. Sua existência pode ser irrelevante ou desconhecida para o usuário final, ainda que o término do projeto no tempo determinado dependa de seu uso eficaz.

Uma EAP se parece com o organograma de uma empresa, no qual a caixa situada no lugar mais alto representa o próprio projeto. A EAP é então desmembrada em fases subsequentes até que o tamanho das atividades corresponda ao tamanho das tarefas gerenciáveis, denominadas pacotes de trabalho, como visto na Figura A1.8.

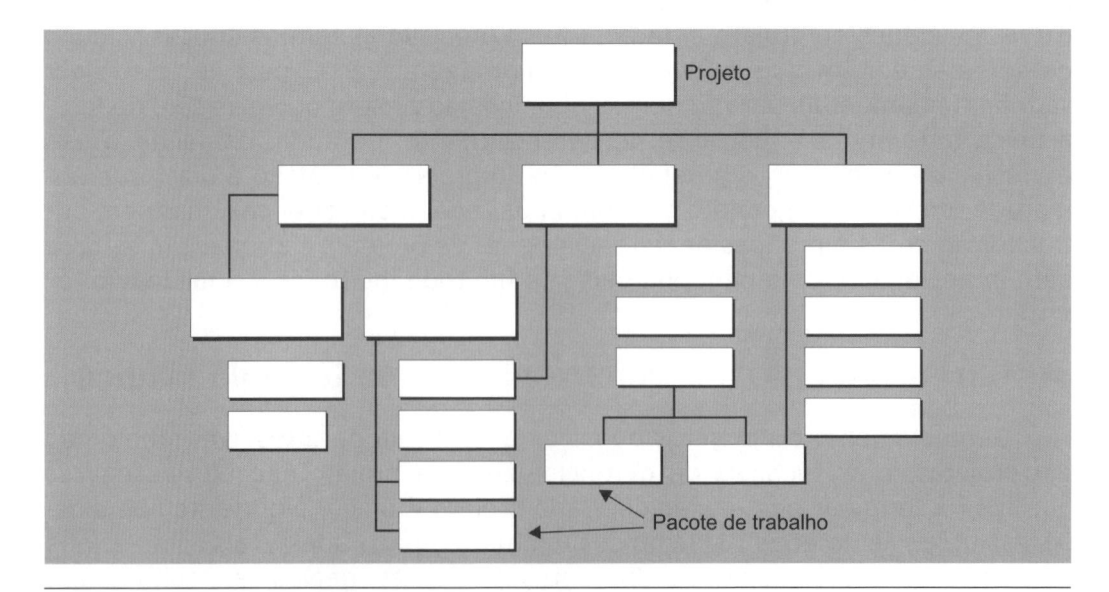

Figura A1-8. Estrutura analítica do projeto

O número de níveis em uma EAP depende do tamanho do projeto, sua complexidade e filosofia de gerenciamento. A terminologia para identificar esses níveis sucessivos também varia. Por exemplo, uma EAP de quatro níveis pode ser desmembrada conforme segue:

Nível 1: Projeto geral
Nível 2: Área
Nível 4: Grupo
Nível 4: Pacote de trabalho

➤ Programação de projeto e técnicas de trabalho em rede

A EAP é o ponto de partida para a programação de projeto. Uma vez que o trabalho tenha sido representado na estrutura analítica, as atividades devem ser programadas de modo que elas possam ser distribuídas durante o período de vida do projeto. Existem diversas maneiras de se programarem projetos, com técnicas que podem ser aplicadas em separado ou simultaneamente.

➤ Redes

As técnicas de trabalho em rede identificam inter-relacionamentos entre as atividades e otimizam recursos do projeto. PERT (*project evaluation and review technique*) ou técnica de avaliação e revisão do projeto, CPM (*critical path method*) ou método do caminho crítico e PDM (*precedence diagram method*) ou método do diagrama de precedências são abordagens utilizadas de trabalho em rede. O trabalho em rede destaca a interdependência entre as atividades e torna possível monitorar a sequência das atividades de prazo mais crítico por todo o projeto. Uma rede completa assemelha-se a uma rede de pescador tecida folgada. Todos os caminhos emergem de um ponto e convergem em direção a outro. A Figura A1.9 apresenta um exemplo de rede.

➤ Gráficos de Gantt

O gráfico de Gantt é uma técnica tradicional desenvolvida originalmente para controle de produção, e continua a ser uma forma altamente comunicativa para representar tarefas e prazos de um projeto. O cronograma mostra atividades principais e uma "barra" correspondente ou linha contínua, que indica datas de início e de término para cada atividade. Programações superpostas são nitidamente mostradas.

Os gráficos de Gantt são utilizados para planejamento simplificado de projeto e para programação nas seguintes aplicações. Uma vez tendo sido proces-

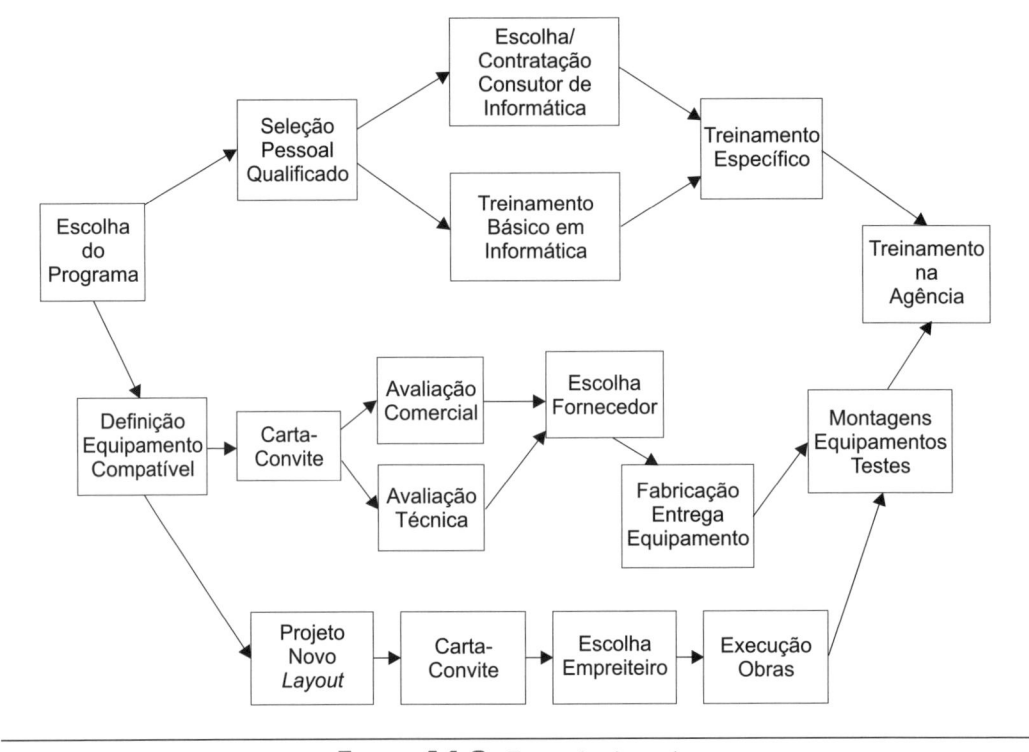

FIGURA A1-9. Exemplo de rede

sados os dados de programação do projeto e fixadas as datas de acordo com a rede do projeto, o cronograma de barras pode ser utilizado nas áreas do projeto campo devido à sua alta legibilidade e fácil compreensão por todos os níveis de pessoas envolvidas, como visto na Figura A1.10.

➢ Cronograma de marcos

Marcos são datas de conclusões intermediárias, que são colocadas como postes guias para monitorar o progresso do projeto sinalizando datas limite particularmente críticas de conclusão. Elas estão listadas num cronograma de marcos que representa uma interpretação ampla da programação e das datas controle de um projeto.

➢ Controle de custo de projeto

O objetivo do controle de custo é fornecer uma base de dados gerencial para a tomada de decisões oportunas relativas a custos durante a implementação do projeto. O sistema de custo pode ser derivado da estrutura analítica,

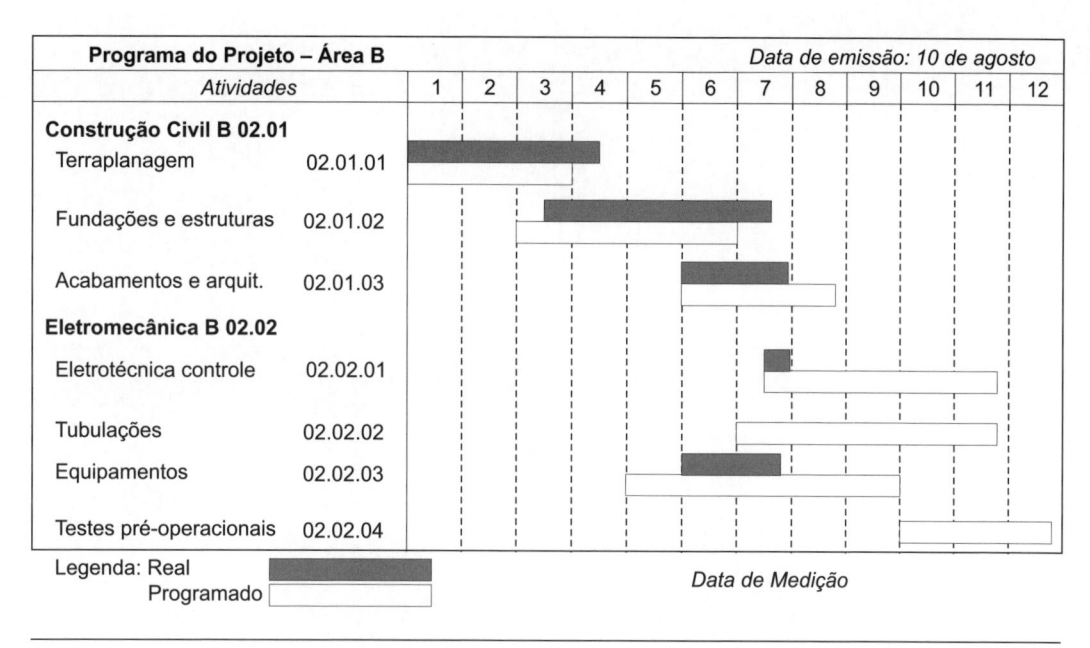

Programa do Projeto – Área B		Data de emissão: 10 de agosto											
Atividades		1	2	3	4	5	6	7	8	9	10	11	12
Construção Civil B 02.01													
Terraplanagem	02.01.01												
Fundações e estruturas	02.01.02												
Acabamentos e arquit.	02.01.03												
Eletromecânica B 02.02													
Eletrotécnica controle	02.02.01												
Tubulações	02.02.02												
Equipamentos	02.02.03												
Testes pré-operacionais	02.02.04												

Legenda: Real
Programado

Data de Medição

FIGURA A1-10. Exemplo de gráfico de Gantt

mantendo assim os critérios de custo coerentes com outros controles do projeto. As despesas normalmente são compiladas em relatórios periódicos (diários, semanais, mensais etc.) que apresentam os custos numa base item por item e comparam o orçamento original com o custo real e com o custo projetado até o término. A meta é visualizar atropelos potenciais de modo a que o gerenciamento possa tomar as medidas defensivas necessárias de maneira oportuna.

➢ Curva S

A curva S representa graficamente o progresso esperado do projeto e oferece uma visão simples de avanços reais *versus* avanços programados. Seu nome é derivado da forma S que a curva assume.

O Comportamento Humano Visto pelos Especialistas

Anexo 2

➢ Introdução

Gerenciar é cuidar dos resultados, administrar é cuidar das operações e da infraestrutura e liderar é cuidar das pessoas.

Peter Drucker[1] afirma que líderes são líderes porque influenciam pessoas, no sentido de que queiram atingir resultados. Seus estilos, sua popularidade, seu carisma, são interessantes, mas não são o que importa.

Modelos clássicos de liderança vêm sendo substituídos por modelos de abordagem e neste aspecto os estudos de Bennis[2], a partir do pensamento de Mary Parker Follet sobre a liderança e a arquitetura social – *"o líder bem-sucedido de todos é aquele que vê um quadro ainda não atualizado. Ele vê as coisas que pertencem ao seu quadro presente, mas que ainda não estão lá... Acima de tudo ele deve fazer seus colegas de trabalho verem que não é o seu propósito que tem de ser realizado, mas um propósito comum, nascido dos desejos e atividades do grupo"*[3], trazem uma contribuição efetiva para que se entendam as abordagens para resultados, como essência do papel do líder.

Neste capítulo estarão sendo abordados os dois momentos da teoria de gestão, os clássicos que iluminam a ação do gerenciamento – de projetos, de processos, de resultados nos séculos XX e XXI e os teóricos contemporâneos.

Entre os dois há uma diferença que podemos criar um paralelo com a Igreja: os regulares e os seculares. Os primeiros com suas teorias que resultaram de

---
[1] HESSELBEIN, Frances *et al. O Líder do Futuro*. RJ: Campus, 1996.
[2] BENNIS, Warren e NANUS, Burt. *Líderes*. SP: Harbra, 1989.
[3] BENNIS, Warren e NANUS, Burt. *Líderes*. SP: Harbra, 1988.

estudos específicos, gerando o pensamento que atravessou a primeira metade do século XX, chegando aos anos 1970. O segundo grupo com sua ação prática e pragmática, que desenvolveu as teorias, ou se preferirmos seus conceitos a partir dos fatos reais, decorrentes do significativo aumento da competitividade, fruto do espectro da globalização.

O conceito de líder mudou, portanto: de senhor da razão para um arquiteto social, que constrói o ambiente mais propício para a consecução de resultados.

Os modelos de liderança reforçaram o papel do general-soldado, que em sua tropa pode ser um contribuinte, preocupado com resultados, um colaborador, preocupado com processos, um comunicador, preocupado com as equipes ou um desafiador, preocupado com os talentos e as possibilidades de crescimento.[4]

Na era do comprometimento consciente (ou engajado, segundo Senge[5]), dos modelos de abordagem, em que o formalismo da hierarquia, da disciplina e da estrutura, ou o colegiado das equipes, ou ainda, o talento individual podem significar atingir resultados desejados, na visão de Bennis[6] o papel da liderança em relação às suas equipes perde o perfil da autocracia feudal e adquire o papel do desempenho desenhado de acordo com a realidade.

Esta nova visão, tão bem preconizada por Blake e Mouton (que é mostrada no capítulo sobre as teorias clássicas), mostra a necessidade de que seja associada à visão uma ação efetiva. Sem ela, tudo não passará de um sonho: **a visão é ação que muda o mundo, que visão sem ação é um sonho, e que ação sem visão é um passatempo** (Victor Frankl, 1960).

Os modelos teóricos, portanto, são uma referência importante, para que se decodifique a dimensão do papel da liderança, na condução de projetos, processos e resultados em um cenário competitivo.

É fundamental não percebê-los como excludentes – clássicos e contemporâneos –, mas sim, e principalmente, como uma cadeia evolutiva, em que as bases estabelecidas pelos precursores permitiram e continuam permitindo que se façam releituras, obtendo novos frutos e produtos que gerem opções de resultados compatíveis com a realidade contemporânea.

➢ Conceitos clássicos

■ O comportamento humano como visto pelos especialistas

São abundantes as teorias de comportamento humano. Através dos anos, filósofos, psiquiatras, psicólogos, professores, profissionais liberais e pessoas

---
[4]PARKER, Glenn. *Team Players & Team Work*. SP: Pioneira, 1994.
[5]SENGE, Peter. *A quinta disciplina*. SP: Best Seller, 2002.
[6]BENNIS, Warren e NANUS, Burt. *Líderes*. SP: Harbra, 1988.

de posição têm, todos, expressado seus pontos de vista sobre o assunto. Muitas de suas opiniões têm sido agrupadas em teorias comportamentais de gerenciamento, as quais fornecem explicações para o comportamento humano quando as pessoas estão organizadas de uma maneira estrutural para alcançar metas estabelecidas. Como o sucesso de um projeto depende fortemente da administração efetiva do comportamento humano, são apresentadas aqui teorias selecionadas de comportamento como referência para as discussões comportamentais citadas neste livro.

■ Motivos internos *versus* externos

Os gregos antigos discutiam se o comportamento era determinado por "características inerentes" ou por "influências ambientais". Volumes de trabalhos eruditos apoiando uma ou outra escola ocupam as prateleiras de bibliotecas no mundo inteiro. E o debate ensinado pela natureza sobre a origem do comportamento humano perdura até hoje.

As causas internas de comportamento são, na maioria das vezes, de uma natureza mental conhecida, derivada do próprio processo de percepção do indivíduo. As causas externas referem-se a influências ambientais no comportamento. Em *Behavior Management (Administração do Comportamento)* Lawrence, M. Miller mostra uma diferença filosófica entre conceitos de Platão e Aristóteles. Platão acreditava que o comportamento resultava de como as pessoas foram ensinadas por seus educadores e seu sistema social. Ele partiu, então, para estabelecer a "República", o sistema social ideal indicado para aperfeiçoar o aprendizado.

Aristóteles acreditava que o comportamento humano era resultado da instintiva e imutável natureza inerente do homem. Diz Miller: "Estes dois pontos de vista dos determinantes de comportamento, enquanto um pouco modificados e enfeitados com dúzias de teorias suplementares, mantêm as distinções essenciais entre as teorias atuais de filosofia."[7]

A busca do gerente de projetos pela resposta sobre o que faz as pessoas agirem ou reagirem deve se iniciar nos fundamentos absolutos da teoria comportamental, expostos há milhares de anos por Platão e Aristóteles. As teorias de comportamento gerencial e de motivação que enfatizam as interfaces entre motivos internos e externos são populares entre gerentes e especialistas em treinamento organizacional. De acordo com Miller, as teorias de motivação são baseadas na percepção da interação entre indivíduos e o meio ambiente externo, ainda que tal interação seja considerada decorrente do estado de motivação interna.

---

[7]MILLER, Lawrence M. *Behavior Management*. Nova Iorque: John Wiley & Sons, 1978, p. 20.

As teorias de motivação afirmam que "em algum lugar entre a ocorrência de um evento ou circunstância no meio ambiente e o comportamento, existe despertar ou mudança no estado de motivação. Esse estado aparentemente está dentro do indivíduo."[8]

➢ Mudanças de comportamento

Mudanças substanciais no comportamento podem ocorrer até após os primeiros anos de formação. O conceito de que o comportamento pode ser mudado através de esforços dedicados e persistentes é algumas vezes conhecido como "Efeito Pigmalião". De acordo com a mitologia grega, Pigmalião era um artista cuja escultura de uma linda mulher subsequentemente tornou-se viva. Como foi declarado por J. Sterling Livingtson, *"no mundo do gerenciamento, muitos executivos fazem o papel de Pigmalião no desenvolvimento de subordinados capazes e no incentivo do seu desempenho"*.[9]

Livingston conclui que as expectativas de um gerente são um poderoso fator para ocasionar mudança de comportamento: *"Se as expectativas do gerente são altas, a produtividade será, igualmente, excelente. Se suas expectativas são baixas, a produtividade será, igualmente, baixa"*.[10]

Qualquer tipo de mudança de comportamento pode ocorrer em um dos quatro níveis ou áreas:

- conhecimento;
- atitude;
- comportamento individual; ou
- comportamento em grupo.[11]

As mudanças no conhecimento são as mais rápidas e mais fáceis de acontecer. No outro extremo, alterar comportamento de grupo é um empreendimento prolongado e tedioso. Mudanças em atitudes e comportamentos individuais representam estados intermediários de dificuldade e de duração.

A mudança comportamental, até mesmo em adultos, pode ser provocada, embora a jornada possa ser longa e cansativa. Persistência, paciência, e autodisciplina são fatores-chave na indução de tal mudança.

---

[8]*Ibid.*, p. 27.
[9]LIVINGSTON, J. Sterling. *Pygmalion in Management*, Harvard Business Review. Julho-agosto, 1969, p. 45.
[10]*Idid.*, p. 45.
[11]HERSEY, Paul e BLANCHARD, Kenneth. *Psicologia para Administradores de Empresas*. SP: Pedagógica e Universitária Ltda, 1977, p.2.

➢ As pessoas são semelhantes – as pessoas são diferentes

Com base na suposição de que as pessoas são basicamente semelhantes, Harold J. Leavitt propõe um sistema no qual necessidades, desejos, tensões ou desconfortos são provocados por um estímulo (ou causa) que é destinado a atender ou atenuar aquelas necessidades, desejos, tensões ou desconfortos. Cada mudança é realimentada dentro do sistema, que se ajusta aos novos estímulos que resultaram do alcance ou do não alcance da meta.

No modelo básico, o comportamento é visto como um esforço para eliminar tensões através do alcance de metas que removam as causas delas. Na afirmação de que as pessoas são todas basicamente semelhantes, Leavitt cita três suposições sobre comportamento humano:

- O comportamento é causado.
- O comportamento é motivado.
- O comportamento é direcionado para a meta".[12]

Essas suposições formam um ciclo de realimentação. A causa estimula o motivo, que, por sua vez, é direcionado para a meta. A visão que cada pessoa é única é uma consequência de uma filosofia mais nova de individualidade.

Baseado nessa visão, Leavitt mostra que as pessoas nasceram com certas necessidades físicas; mais tarde, necessidades sociais, pessoais, ou psicológicas são adquiridas ou emergem. As necessidades psicológicas provêm não somente das necessidades físicas, mas também do sistema nervoso do próprio corpo físico e da dependência natural de outra pessoa.

➢ Hierarquia das necessidades humanas

De acordo com Abraham Maslow: "*Existem ao menos cinco conjuntos de metas que nós podemos denominar necessidades básicas. Essas são, sumariamente, fisiológicas, de segurança, de amor, de estima, e de autorrealização. Estas metas básicas estão relacionadas umas com as outras, sendo organizadas em uma hierarquia de prepotência*".[13]

A teoria de Maslow se refere a vários estados de privação e aponta que, ocorridos tais estados, o comportamento humano será consideravelmente afetado. Por exemplo, quando deparado com a escolha entre a necessidade de alimento e o desejo de autorrealização, a necessidade de alimento predomina-

---
[12]LEAVIT, Harold J. *Managenial Psychology*. Chicago: University of Chicago Press, 1972, p. 10.
[13]MILLER, Lawrence. *Behavior Management*. Nova Iorque: John Wiley & Sons, 1978, p. 27.

rá. Igualmente, seguindo a teoria de Maslow, a carência de amor predominará sobre aquela da estima.

A teoria hierárquica de necessidades, embora representando um arranjo de conceitos ordenadamente acadêmico, pode parecer irrelevante a muitos gerentes. Como comenta Miller, *"Quantos supervisores industriais, quando instruídos pela hierarquia de necessidades de Maslow, têm reagido com um silencioso 'e daí?' O que o supervisor está pretendendo fazer com essa informação? Fornecer alimento, segurança, amor, estima, ou autorrealização a seus empregados?"*[14]

A teoria pode ser vista como excessivamente simplista e de pequena aplicação prática. Entretanto, o valor do trabalho de Maslow pode não estar na própria teoria mas na base que ele estende para outros pesquisadores de motivação, tais como Frederick Herzberg e Douglas McGregor.

➤ A teoria motivação-higiene

"Satisfação no trabalho *versus* insatisfação no trabalho" é o tema da Teoria da Motivação pela Higiene, de Frederick Herzberg. Ele desenvolveu a teoria numa tentativa de relacionar a hierarquia de Maslow com as situações no trabalho. A arena da pesquisa foi Pittsburgh, onde 200 engenheiros e contadores de 11 indústrias foram entrevistados.[15] Os dados levaram Herzberg a concluir que existem dois tipos distintos de necessidades relacionadas à situação de trabalho, que são independentes um do outro e que afetam o comportamento de maneiras diferentes.

Os fatores associados com insatisfação no trabalho tendiam a se relacionar com o meio ambiente ou com as vizinhanças. A essas insatisfações Herzberg denomina fatores de *higiene* ou *manutenção*, devido à sua natureza preventiva e ambiental. Os resultados do estudo de Herzberg implicam que trabalhadores tendem a não ficar insatisfeitos se certos fatores de higiene e manutenção forem mantidos dentro de padrões aceitáveis.

Herzberg relaciona os fatores de segurança às necessidades fisiológicas básicas, segurança e amor, acreditando que certas necessidades "mais baixas" precisam primeiramente ser cuidadas numa base de manutenção a fim de evitar insatisfação no trabalho.

Para criar satisfação ou motivação no trabalho, um outro conjunto de variáveis entra em jogo. A pesquisa indicou que aquilo que satisfaz no trabalho estava relacionado ao *trabalho*, não às vizinhanças. A estes itens Herzberg denominou *motivadores*, porque eles elevam potencialmente os trabalhadores a altos níveis de desempenho. Os fatores de motivação correspondem ao extremo mais alto da escala de Maslow, que inclui estima e autorrealização.

---

[14]Ibid., p. 29
[15]HERZBERG, Frederick, MAUSNER, Bernard e SNYDERMAN, Barbara. *The Motivation to Work*. Nova Iorque: John Wiley & Sons, 1959, p. IX.

A mensagem fundamental de Herzberg é que eliminar a insatisfação não é suficiente para criar satisfação. Realização, reconhecimento, desafios, responsabilidade crescente, bem como oportunidades de crescimento e desenvolvimento são criadores de satisfação ou motivadores do trabalho.

➤ Teoria X e Teoria Y

A clássica "Teoria X–Teoria Y" de Douglas McGregor projeta luz sobre o relacionamento dos gerentes com seus subordinados. A Teoria X admite que a maioria das pessoas prefere ser orientada, uma vez que elas não estão interessadas em assumir responsabilidades e que estão basicamente buscando segurança.

A Teoria X também admite que as pessoas estão grandemente motivadas por dinheiro, posição e castigo. De acordo com a Teoria X, é admitido que:

- Trabalho é uma tarefa desagradável – algo que as pessoas preferem evitar e da qual não lhes vem nenhum prazer.
- As pessoas têm pouca capacidade de criatividade e para resolver problemas.
- E a motivação ocorre nos níveis de Maslow referentes a necessidades de segurança e fisiológicas.

Os gerentes que concordam com a Teoria X tendem a impor estruturas organizacionais rígidas e estritos controles de supervisão. Eles acreditam que uma organização assim é necessária porque os trabalhadores são imaturos e falta-lhes senso de responsabilidade.

Analisando os conceitos da Teoria X, McGregor questiona a sua validade e propõe um enfoque alternativo do comportamento humano denominado Teoria Y. Essa abordagem admite que as pessoas não são inerentemente preguiçosas e que elas tendem a encontrar expectativas positivas se adequadamente motivadas. E postula que as pessoas podem se autodirigir para ser tanto criativas quanto responsáveis no trabalho, contanto que seja estimulado seu potencial humano como trabalhadores.

A Teoria Y admite que o trabalho é uma função natural, tão natural quanto disputar um jogo, por exemplo. A autodisciplina do empregado faz parte da natureza humana e é necessária para se alcançarem metas organizacionais. As funções como criatividade e solução de problemas devem ser distribuídas ao longo da organização. A motivação ocorre nos mais altos níveis de Maslow referentes a estima e autorrealização.[16]

---

[16]HERSEY e BLANCHARD, Psicologia, pp. 59-62.

Aqueles gerentes que concordam com a Teoria Y tendem a estabelecer menos organizações estruturadas e introduzir controle limitado e supervisão sobre a força de trabalho. Tais gerentes enfatizam o desenvolvimento e o crescimento do empregado e encorajam os subordinados a se tornarem crescentemente independentes no desempenho das atividades dentro dos melhores interesses da companhia. As conclusões de McGregor implicam que a abordagem pela Teoria Y é a mais desejável filosofia de gerenciamento a ser seguida.[17]

Nenhuma teoria pode captar adequadamente as sutilezas do gerenciamento comportamental, mas cada conceito fornece uma base para teste e projeção de outros enfoques. No seu artigo "Além da Teoria Y", John J. Morse e Jay W. Lorsch apresentam sua "teoria de contingência"[18]. Eles se expandem na ideia de que padrões organizacionais apropriados são contingências na natureza do trabalho e nas necessidades das pessoas envolvidas.

➢ Teoria Z

A Teoria Z, embora não seja uma extensão da Teoria X–Teoria Y, pode ser relacionada aos conceitos de McGregor. Na Teoria Z, William Ouchi descreve companhias ocidentais "Tipo Z" que compartilham algumas características com organizações japonesas. Por exemplo, a companhia Z tende para emprego a longo prazo, com empregados trabalhando, durante diferentes períodos de suas carreiras, em várias funções e postos. As organizações Z são peritas em sistemas de planejamento formal, controle e gerenciamento de informações, mas os dados gerados por tais mecanismos são cuidadosamente balanceados contra critérios subjetivos envolvendo "ajuste" e adequação organizacional.[19]

Em uma companhia Z admite-se que as pessoas são responsáveis e capazes de alcançar a excelência quando estão motivadas por apelos a seu bem-estar social, autoestima e autorrealização. Uma ilustração desse ponto de vista é a referência de Ouchi ao igualitarismo como uma característica central das organizações Tipo Z. Igualitarismo significa que se pode confiar nas pessoas e que elas podem trabalhar com autonomia sem serem supervisionadas de perto. De acordo com Ouchi, *"essa característica, talvez mais que qualquer outra, explica os mais altos níveis de comprometimento, lealdade e produtividade em firmas japonesas e em organizações Tipo Z"*.[20]

---

[17]MC GREGOR, Douglas. *The Human Side of Enterprise*. Nova Iorque: Mc Graw-Hill, 1960, p.246.
[18]MORSE, John J. e LORSH, Jay W. *Beyond Theory Y*. Harvard Business Reviw, Motivation Series nº 21137. Maio-Junho 1970, pp. 37-44.
[19]OUCHI, William. *Theory Z – How American Business Can Meet the Japanese Challenge*. Filipinas: Addison – Wesley, 1981.
[20]Ibid., p. 81.

➤ Teoria da expectativa

Se existe uma expectativa por mudança favorável, então a motivação irá acontecer. Essa explicação para as causas da motivação e as subsequentes influências no comportamento individual é denominada a "teoria da expectativa". Ela se baseia no conceito de que as pessoas escolhem comportamentos que elas acreditam que irão conduzir a um resultado desejado.

A teoria da expectativa oferece uma explicação sobre como as pessoas escolhem entre comportamentos alternativos. Ela dá enfoque mais a indivíduos do que a grupos. A teoria é cognitiva por natureza e constitui uma abordagem interna à motivação e às causas comportamentais.[21] A teoria afirma que indivíduos avaliam a probabilidade de alcançar certas metas identificando o seguinte:

- *Expectativa de esforço-para-desempenho*. Isso representa a percepção do indivíduo sobre a probabilidade de alcançar metas e a dificuldade de atingir o nível necessário de desempenho.
- *Expectativa de desempenho-para-resultado*. Essa é a percepção individual da probabilidade de alcançar um certo resultado, dado o necessário nível de desempenho.
- *Valência*. Valência é o valor que o indivíduo coloca no resultado.

Assim, Branch sugere que indivíduos defrontados com alternativas se perguntem: "Eu consigo fazer o trabalho que esperam de mim?" (expectativa de esforço-para-desempenho), "Se eu fizer o trabalho, quais serão as consequências para mim?" (expectativa de desempenho-para-resultado) e "Realmente vale a pena o esforço exigido de mim?" (valência). Assim, os indivíduos procuram suas próprias justificativas pessoais para ficarem motivados.[22]

➤ Análise Transacional (AT)

A Análise Transacional (AT) postula que todas as pessoas têm, em graus diferentes, três estados do ego: criança, pais e adulto. Eric Berne destaca, no entanto, que *"embora não possamos observar diretamente esses estados do ego, nós podemos observar comportamento e, a partir disso, chegar à conclusão de qual dos três estados de ego está operando naquele momento."*[23]

---

[21]MILLER, Lawrence M. *Behaviour Management*. Nova Iorque: John Wiley & Sons, 1978, p. 39.
[22]BRANCH, Kenneth J. *Motivation and Matrix Management*. Project Management Institute Proceedings. Toronto: 1982, p. III-L.2.
[23]BERNE, Eric. *Principles of Group Treatment*. Nova Iorque: Oxford University Press, 1964, p. 281.

Impulsos naturais aprendidos a partir de experiências da infância estão associados com o estado de ego criança, correspondendo a ações induzidas por uma base puramente emocional. O estado de ego pai resulta das influências dos pais, professores e outras figuras marcantes da nossa infância. O comportamento racional, por outro lado, é o produto do estado de ego adulto. As pessoas são assim governadas por três, ainda que conflitantes, fatores complementares:

- O conteúdo emocional da criança.
- Os valores transmitidos pelos pais.
- E a racionalidade do estado do ego adulto. Pessoas saudáveis mantêm um equilíbrio entre os três estados do ego, embora todos operem nos estados em ocasiões diferentes.

Um outro postulado bem conhecido da AT é o *slogan* "Eu estou OK, você está OK", o qual propõe que atitudes básicas moldam as personalidades das pessoas. Essas são posições de vida que variam de "Eu não estou OK, você não está OK," através das posições intermediárias de "Eu estou OK, você não está OK" e "Eu não estou OK, você está OK," até "Eu estou OK, você está OK". A AT sugere que, dependendo das suas posições de vida, as pessoas precisam ser "acariciadas" e reconhecidas como indivíduos, inferindo assim uma necessidade por tranquilização com relação a valor e competência pessoais.

➢ Liderança situacional

Na teoria de liderança situacional, desenvolvida por Hersey e Blanchard, quatro estilos de liderança são identificados: "com informação", "com negociação", "com participação" e "com delegação".[24] Cada um dos quatro estilos representa uma combinação de comportamento de tarefa (até que ponto um líder fornece orientação para as pessoas) e comportamento de relação (até que ponto um líder se ocupa da comunicação bilateral com as pessoas). Depende do nível de maturidade das pessoas sendo supervisionadas qual estilo é apropriado. Os níveis de maturidade ocorrem através de uma identificação contínua, como a seguir:

- M1   Maturidade baixa.
- M2   Maturidade baixa a moderada.
- M3   Maturidade moderada a alta.
- M4   Maturidade alta.

---

[24] HERSEY, Paul e BLANCHARD, Kenneth H. *Management of Organizational Behaviour*. Englewood Cliffs, Nova Jersey: Prentice-Hall, 1982, pp. 149-173.

Para direcionar pessoas de maturidade baixa (M1) que estão tanto incapazes quanto indispostas a assumir responsabilidade, "com informação" é o estilo de liderança prescrito. O líder deve ter uma abordagem direcional, passando informações clara e especificamente.

Os níveis de maturidade baixa a moderada (M2) são mais bem negociados através da utilização de um estilo de liderança "com negociação".

Uma audiência M2 é "incapaz, porém disposta" a assumir responsabilidade, e, por isso, uma postura com negociação provê comportamento tanto direcional quanto de apoio para desenvolver o nível de habilidade.

Para grupos M3, que são capazes mas indispostos a cooperar, a abordagem "com participação" é apropriada. O líder deve assumir um papel de apoio não direcional no relacionamento com as pessoas de maturidade moderada a alta.

Para níveis de maturidade alta (M4), líderes são capazes de assumir uma postura "com delegação". A audiência está tanto capaz quanto disposta a assumir responsabilidade. Pouco direcionamento ou apoio é necessário porque indivíduos maduros são capazes de executar trabalho com tarefa e apoio comportamental limitados.

➢ O modelo dimensional de comportamento gerencial

O modelo dimensional de comportamento gerencial desenvolvido por Lefton *et al.* apresenta quatro aspectos de estilo gerencial:

1) domínio;
2) submissão;
3) hostilidade; e
4) entusiasmo.[25]

A duração de hostilidade-entusiasmo é representada ao longo de um eixo horizontal, enquanto a duração domínio-submissão é apresentada ao longo de um eixo vertical. Assim, uma matriz é formada contendo os seguintes quadrantes:

- *Domínio-hostilidade: representa* **gerenciamento falar-e-fazer**
- *Hostilidade-submissão: caracteriza-se por* **gerenciamento não-balance-o-barco**
- *Emoção-submissão: um estilo de gerenciamento* **sejamos-camaradas**
- *Domínio-emoção:* **gerenciamento-de-otimizar-benefício**

---

[25]LEFTON, R. E., BUZOTTA, V. R. e SHERBERG, Mannie. *Dimensional Management Strategies*. Saint Louis: Psychological Associates, 1978, pp. 6-11.

De acordo com o modelo dimensional, um estilo de gerente se enquadra essencialmente naquele que descreve a estratégia primária do gerente. O comportamento diário do gerente, no entanto, varia consideravelmente de acordo com a situação, o nível de experiência e a autoconfiança do subordinado, a avaliação de cada pessoa do que está em jogo, e fatores econômicos. Cada um dos gerentes, subordinados e supervisores tem características diferentes; portanto, cada relacionamento interpessoal é único. Os gerentes devem elaborar cuidadosamente a sua abordagem no relacionamento com cada indivíduo.

➤ A grade gerencial

Um conceito frequentemente citado e tema de treinamento popular para identificar características gerenciais é a grade gerencial de Blake e Mouton, uma matriz que é usada para indicar o relacionamento entre duas preocupações:

- pessoas (subordinados e colegas); e
- produção (resultados de trabalho).

Essas preocupações, lançadas em eixos retilíneos coordenados, evidenciam estilos de gerenciamento diferenciados pela definição de como os gerentes relacionam os dois. O eixo horizontal mostra a preocupação do gerente pela produção, o eixo vertical indica a preocupação do gerente com as pessoas.

A grade resultante permite uma visualização gráfica dos estilos de gerenciamento, variando do líder autoritário, que é despreocupado com as pessoas, até a "pessoa agradável" que está tão envolvida com as pessoas que a produção é negligenciada. Os eixos da grade têm escala de 1 a 9, como mostrado na Figura A2-1. Blake e Mouton identificaram cinco estilos de liderança, os quais estão individualmente posicionados na grade. Cada estilo está indicado e descrito na Figura A2-1.

➤ Outros estudos de comportamento

Outros estudos e teorias considerados significativos na literatura especializada referente ao comportamento organizacional estão resumidos a seguir:[26]

a) Motivação de Realização – De acordo com David C. McClelland e seus sócios, as pessoas orientadas para a realização possuem certas características em comum. Elas preferem estabelecer as suas próprias metas e não reagem

---

[26] Esta seção adaptada do material apresentado em GUEST, Robert H., HERSEY, Paul e BLANCHARD, Kenneth H. *Organizational Change Through Effective Leadership*. Englewood Cliffs, Nova Jersey: Prentice-Hall, 1977, pp. 57-73.

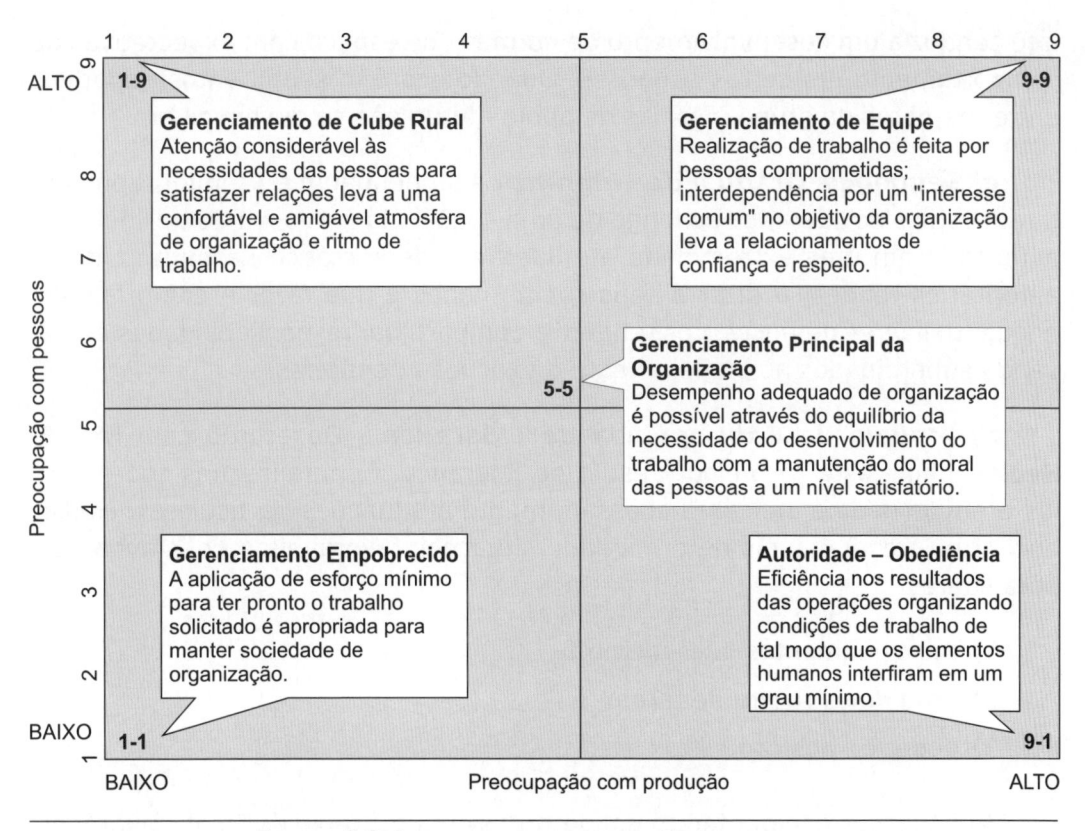

O Comportamento Humano Visto pelos Especialistas 185

	1	2	3	4	5	6	7	8	9
ALTO 9	1-9								9-9

1-9 Gerenciamento de Clube Rural
Atenção considerável às necessidades das pessoas para satisfazer relações leva a uma confortável e amigável atmosfera de organização e ritmo de trabalho.

9-9 Gerenciamento de Equipe
Realização de trabalho é feita por pessoas comprometidas; interdependência por um "interesse comum" no objetivo da organização leva a relacionamentos de confiança e respeito.

5-5 Gerenciamento Principal da Organização
Desempenho adequado de organização é possível através do equilíbrio da necessidade do desenvolvimento do trabalho com a manutenção do moral das pessoas a um nível satisfatório.

1-1 Gerenciamento Empobrecido
A aplicação de esforço mínimo para ter pronto o trabalho solicitado é apropriada para manter sociedade de organização.

9-1 Autoridade – Obediência
Eficiência nos resultados das operações organizando condições de trabalho de tal modo que os elementos humanos interfiram em um grau mínimo.

Eixo vertical: Preocupação com pessoas (BAIXO 1 — ALTO 9)
Eixo horizontal: Preocupação com produção (BAIXO — ALTO)

FIGURA A2-1 A grade gerencial de Blake e Mouton

bem a menos que elas estejam envolvidas em fazer desse modo. Elas tendem a estabelecer metas difíceis, porém realizáveis – alvos que podem ser alcançados, mas que representarão um desafio.

A realização pessoal é mais importante que as recompensas pelo sucesso. Elas estão mais interessadas em *feedback* referente à tarefa do que no feedback comportamental. Em outras palavras, elas preferem saber como o seu trabalho está se desenvolvendo ao invés de querer saber como elas estão sendo percebidas pelos outros.

b) Atividades, Interações e Sentimentos – Certas atividades, interações e sentimentos são necessários a um grupo para executar suas tarefas. Esse modelo, desenvolvido por George C. Homans da escola "interacionista", admite que são desempenhadas atividades necessitando interações pessoais.

Conforme as pessoas interagem, são desenvolvidos certas atitudes e sentimentos. Se os sentimentos são positivos, novas atividades irão se desenvolver entre os membros (eles se socializam, participam em ligas de jogos de bola etc.).

Isso conduz a um desenvolvimento de normas que especificam expectativas de comportamento em certas situações. Quando ocorrem sentimentos negativos entre membros do grupo, normas de apoio mútuo não se desenvolvem.

c) Sequência Gradual de Liderança – Tannenbaum e Schmidt representaram estilos de liderança ao longo de uma sequência gradual indo de liderança autoritária em uma extremidade até liderança democrática na outra. Líderes autoritários tendem a dizer a seus subordinados o que fazer e como fazê-lo, enquanto líderes democráticos tendem a compartilhar responsabilidades envolvendo subordinados no planejamento e execução de tarefas.

d) Modelo de Contingência de Liderança – De acordo com Fred E. Fiedler, não existe "o melhor" estilo de liderança. Generalizações sobre estilos efetivos não se aplicam necessariamente a situações particulares. Fiedler encontrou três variáveis determinando situações favoráveis ou desfavoráveis para líderes:

1) relacionamentos líder-membro;
2) grau de estrutura de tarefa; e
3) poder de posição.

As situações do líder foram encontradas em uma faixa de "mais favorável" (na qual o líder é apreciado pelo grupo, tem poder e dirige um trabalho bem definido) até "menos favorável" (na qual o líder não é apreciado, tem pouco poder de posição e é responsável por uma tarefa desestruturada). Na busca por um estilo de liderança mais eficaz, Fiedler descobriu que líderes direcionados para tarefa têm êxito em situações que são consideradas tanto favoráveis quanto desfavoráveis para o líder; enquanto líderes direcionados para relacionamento têm mais êxito em situações intermediárias que não são nem favoráveis nem desfavoráveis.

e) Modelo de Diferenciação e Integração – De acordo com Lawrence e Lorsch, o projeto de uma organização e seus subsistemas deve se ajustar ao ambiente; portanto, não existe nenhum modo "certo" para projetar uma organização. Dois conceitos são considerados importantes no projeto organizacional: diferenciação e integração.

A diferenciação enfatiza as diferenças em orientações de gerenciamento e estrutura formal entre departamentos funcionais diferentes. Cada departamento, portanto, é um subsistema no qual os membros desenvolvem orientações particulares e tarefas estruturais. O estado de colaboração é identificado como integração e reflete o esforço entre departamentos para alcançar unidade.

f) Análise do Campo-Força – Ambas as forças impulsivas e repressivas influenciam tendências a mudança, de acordo com Kurt Lewin. As forças impulsivas afetam situações que se movem em uma direção particular; desse modo, elas tendem tanto a iniciar quanto a manter a tendência a mudar. Pressões do escritório central, supervisão punitiva e segurança do trabalho são exemplos de forças impulsivas.

As forças repressivas atuam para atenuar tais impulsos. Ressentimento, falta de coordenação e pequenas rupturas na cadeia de comando são exemplos de forças repressivas. O equilíbrio organizacional ocorre quando as forças impulsivas compensam as forças repressivas. O equilíbrio é instável e pode ser modificado se a intensidade da força impulsiva ou da repressiva se modifica.

➤ Comportamento humano e gerenciamento de projeto

As teorias de comportamento que foram resumidas neste Anexo pretendem aplicadas a todos os contextos organizacionais – inclusive gerenciamento de projeto. E, ainda, a maioria dos estudos de gerenciamento do comportamento é conduzida em um contexto de produção industrial. Porém algumas pesquisas têm focalizado especificamente em gerenciamento comportamental no trabalho de projeto.

Na obra *Gerenciamento de Projeto e Pesquisa Comportamental Revisitada* Stephen D. Owens reapreciou estudos executados na área comportamental de gerenciamento de projetos. Owens sintetizou descobertas em cinco áreas-chave:

- Comportamento de liderança no grupo de projeto.
- Técnicas de motivação.
- Comunicação interpessoal e organizacional.
- Gerenciamento de conflito.
- Tomada de decisão e técnicas de formação de equipes.

Descobertas pertinentes retiradas do sumário de Owens são fornecidas como se segue:

- *Comportamento de liderança. Gerentes de projeto não podem confiar em um único estilo de liderança para influenciar outros comportamentos de pessoas. Situações diferentes exigem abordagens diferentes e os líderes devem ser sensíveis a características únicas de circunstâncias e personalidades.*
- **Técnicas de motivação:** *é necessária uma conscientização das necessidades não satisfeitas que residem no grupo para avaliar com sucesso*

os requisitos motivacionais e ajustar o projeto de um trabalho para satisfazer aquelas necessidades.

- **Comunicação interpessoal e organizacional:** situações de conflito ocorrem regularmente. Uma solução de problema ou abordagem de confrontação, utilizando sessões informais do grupo, pode ser uma estratégia útil de resolução.

- **Tomada de decisão e características de constituição das equipes:** A tomada de decisão participativa atende as necessidades dos membros individuais da equipe e contribui para decisões eficazes e unidade da equipe.[27]

As descobertas de Baker e Wilemon, embora menos recentes que as de Owens, são também significativas. Baker e Wilemon chegaram às seguintes conclusões gerais:

- No gerenciamento de projetos não existe panaceia que controle o gerenciamento do comportamento – cada situação de projeto é única.

- Embora o gerente de projetos deva ter o máximo de autoridade possível, ele deve proceder mais através da influência do que através do exercício de autoridade formal.

- A abordagem para a solução do problema é o mais bem-sucedido modo para a resolução de conflito; a tomada de decisão participativa, a qual estimula comprometimento, trabalho em equipe e um senso de missão, é eficaz em gerenciamento de projeto.

- Graus mais altos de "projetização" reduzem a probabilidade de excessos em custo e programação.

- O sucesso observado depende, em grande parte, de coordenação eficaz e padrões de relacionamento.[28]

➢ Teoria *versus* prática

As pessoas do projeto, que vieram através da escola dos duros confrontos, tendem a questionar intuições teóricas nos problemas de um projeto. Isso se mantém verdadeiro se as teorias são provenientes de estudos gerais de com-

---

[27]OWENS, Stephen D. *Project Management and Behavioral Research Revisited.* Project Management Institute Proceedings. Toronto: 1982, p. II-F.1.
[28]BAKER, Bruce N. e WILEMON, David L. *A Summary of Major Research Findings Regarding the Human Element in Project Management.* Project Management Quaterly, vol. 8, nº 1. Março 1977, p.118.

portamento ou pesquisa específica sobre o lado humano do gerenciamento de projetos.

Os comentários de Erwin S. Stanton sobre a reação de gerentes instados a conceitos de motivação no seu livro *Reality-Centered People Management (Gerenciamento de Pessoas Centrado na Realidade)*: "*Os conceitos realmente poderiam soar como muito bons na teoria, mas as próprias experiências [dos gerentes] mostraram que, na prática, os princípios simplesmente nem sempre funcionam de maneira alguma.*"[29] Os gerentes são assim golpeados pela inconsistência dramática entre a simplicidade acadêmica de teorias comportamentais e motivacionais e pela realidade dos detalhes práticos básicos de gerenciamento de projeto no trabalho.

Muitos gerentes experientes preferem uma abordagem informal e eficiente que é baseada na sua experiência. A resistência a teorias é incompreensível – afinal de contas, os gerentes geralmente alcançam suas posições de responsabilidade como resultado de seu sucesso anterior e atributos inerentes. Muitos deles acreditam no axioma: "Se funciona, não arrume". Os gerentes de projetos que tiveram pouco ou nenhum treinamento em técnicas de gerenciamento comportamental podem rejeitar o que não lhes seja familiar.

Nas teorias, são firmemente extraídas linhas entre os campos de causa interna e externa, Teoria X e Teoria Z, atitude e mudança de comportamento, bem como fatores de higiene e motivacionais. Outras necessidades ou fatores motivadores são nitidamente identificados e prioridades são assinaladas (hierarquia de necessidades), enquanto outras são encaixadas em formatos de grade ou matriciais. Como todos os profissionais de projeto sabem, o mundo real não é assim tão simples.

John D. Borcherding aponta o perigo da submissão não questionada a teorias comportamentais baseadas em produção nas principais aplicações de projeto: "*Em construção, a meta é construir uma estrutura sem igual – aquela que nunca tenha sido construída antes. Em contraste, a organização industrial busca construir repetitivamente um grande número de produtos idênticos. Estes dois fatos sozinhos dão lugar a um grande número de características adicionais diversas*".[30]

Durante o dia a dia de trabalho do projeto, aparecem matizes de comportamento as quais não são fáceis de categorizar. Por exemplo, percepções diferentes das pessoas sobre a importância do trabalho, a necessidade de autonomia *versus* participação e a necessidade de dinheiro podem alterar o comportamento humano de muitas maneiras. E essas pessoas "difíceis" podem

---

[29]STANTON, Erwin S. *Reality – Centered People Management*. Nova Iorque: AMACOM, 1982, p. 27.
[30]BORCHERDING, John D. *Applying Behavioral Research Findings on Construction Projects! A Decade of Project Management*. ADAMS, John R. e KIRCHOF, Nicki S., eds. Drextel Hill, Pensilvânia: Project Management Institute, 1981, p. 120.

transformar até mesmo a mais objetiva atmosfera de projeto em um ambiente sensível.

As teorias de comportamento raramente se evidenciam firmemente para uma solução prática. Ainda, com base em pesquisas, estudos, ou argumentação dedutiva, eles fornecem uma estrutura de trabalho para observações sobre tendências ou agrupamentos de certas características comportamentais.

As classificações resultantes das características dominantes realmente podem certamente ser postas em dúvida pela pergunta "Em relação a quê?". Por exemplo, um gerente pode ser agressivo para subordinados, submisso ao chefe, distante da família e brincalhão com o cachorro. A mesma pessoa exibe comportamento diferente, dependendo da posição, contexto e perfil dos outros caracteres de aparência.

Até mesmo se teorias sobre comportamento podem ser questionadas, eles oferecem intuições em padrões. Uma prática teórica em comportamento organizacional pode ser considerada análoga a alguém em música.

O conhecimento de teoria musical não é suficiente para tornar alguém um músico soberbo, mas pode aumentar talento natural e diligência. Em alguns casos, no entanto, talento e desejo são suficientes para impulsionar a pessoa ao topo, como no caso do músico aclamado que não pode decifrar uma nota de música, ou o gerente de projetos eminentemente bem-sucedido que nunca leu um artigo de comportamento gerencial ou participou em programas de treinamento correlatos. Ainda, para a maioria das pessoas, um fundamento teórico – seja em música ou em gerenciamento comportamental – pode dar um impulso útil para afiar percepção, abrindo assim novas portas para progresso e crescimento profissional.

➢ Conceitos contemporâneos

Segundo Alfred Whitehead, o conhecimento que não é aplicado não tem significado. Os conceitos contemporâneos de gestão vêm sendo marcados por uma inequívoca aplicabilidade ao mundo real dos negócios.

A necessidade de respostas imediatas e eficazes para o mundo competitivo exige uma secularidade destes conceitos, superando o perfil regular dos velhos teóricos, respeitados, ainda válidos, mas exigindo, em alguns casos marcantes, uma releitura.

Conceitos são discutidos, paradigmas são quebrados, teorias são desmentidas. As teorias clássicas continuam em vigor, não há sinais de desmerecimento (embora possam ser feitas novas releituras em relação a algumas), mas torna-se necessário dar respostas mais imediatas e efetivas.

Foi selecionado um grupo de dez especialistas, cujo pensamento vem influenciando os processos contemporâneos de gestão. O universo é mais amplo, mas esta amostragem permite observar o impacto da ação das lideranças, nos quesitos intensidade, qualidade e objetividade nos resultados dos projetos e processos nos quais estão envolvidos.

Para cada um dos especialistas indicados foi feita uma apresentação de seu pensamento, com foco no tema explorado por este Anexo.

➤ 1. Charles Handy – a linguagem política[31]

A linguagem emergente nas organizações é muito diferente. O discurso atual consiste em adhocracia, federalismo, alianças, equipes, delegação de poderes e espaço para a iniciativa. As palavras-chave são alternativas, não planos; possível, no lugar de perfeito; envolvimento, em vez de obediência.

Esta é a linguagem da política, não da tecnocracia; da liderança, não da gerência. Portanto, é interessante observar como as organizações estão abandonando os títulos de gerentes e substituindo-os por termos como líder de equipe, coordenador de projeto, sócio principal, facilitador ou presidente.

Em breve, veremos a teoria política tomar seu lugar de direito como uma disciplina básica em nossas escolas de administração. Finalmente, será um reconhecimento de que as organizações são comunidades de pessoas e não conjuntos de recursos humanos.

[...]

A tarefa do líder é assegurar que as pessoas ou grupos são competentes para exercer a responsabilidade a eles atribuída, que compreendam as metas da organização e se comprometam com elas.

[...]

Hoje a organização política em todas as empresas é regida pela influência, não pela autoridade.

➤ 2. CHRIS ARGYRIS[32]

Pode-se definir que o aprendizado ocorre em duas condições. Primeiro, quando uma organização alcança o que pretende, ou seja, existe uma correspondência entre seu plano de ação e o resultado real. Segundo, quando uma defasagem entre o objetivo e o resultado é identificada e corrigida, ou seja, uma defasagem é transformada em correspondência... O aprendizado *loop*

---

[31] HESSELBEIN, Frances, GOLDSMITH, Marshall & BECKARD, Richard. *O Líder do Futuro – visões, estratégias e práticas para uma nova era.* RJ: Campus, 1996.

[32] ARGYRIS, Chris e SCHÖN, Donald. *Organizational Learning.* Reading: Addison Wesley, 1978.

único ocorre quando são criadas correspondências ou quando defasagens são corrigidas, modificando ações. Já o aprendizado em *loop* duplo ocorre quando as defasagens são corrigidas, primeiro por meio da análise e da mudança das variáveis determinantes e, em seguida, por intermédio das ações.

Em suma, o aprendizado em loop *único não questiona premissas, enquanto o aprendizado em* loop *duplo ataca pressuposições e crenças básicas.*

O aprendizado em loop *duplo ganha credibilidade como um processo prático.*

3. Edgar H. Schein[33]

Os líderes do futuro terão de possuir mais das seguintes características:

- Níveis extraordinários de percepção e compreensão das realidades do mundo e de si mesmos.

- Níveis extraordinários de motivação que lhes possibilite passar pelo inevitável desconforto de aprender a mudar, sobretudo em um mundo de fronteiras menos precisas, em que a lealdade fica difícil de definir.

- Força emocional para gerenciar a própria ansiedade e a dos outros à proporção que o aprendizado e a mudança se tornam cada vez mais um modo de vida.

- Novas habilidades para analisar premissas culturais, identificar premissas funcionais e disfuncionais e desenvolver processos que ampliem a cultura através da construção baseada em pontos fortes e elementos funcionais.

- Disposição e capacidade de envolver os demais e evocar sua participação, pois as tarefas serão muito complexas, e as informações, distribuídas de forma muito ampla para que os líderes resolvam sozinhos os problemas.

Os líderes do futuro terão disposição e capacidade para compartilhar poder e controle segundo o conhecimento e as habilidades das pessoas, ou seja, permitir e incentivar o florescimento da liderança por toda a organização.

Em uma análise sobre as aplicações de modelos para a gestão do conhecimento, Schein nos traz uma reflexão importante, descrita em seu pensamento[34]:

- "A utilização eficiente das pessoas em qualquer empreendimento organizado sempre constituiu um premente problema na sociedade. Um fa-

---

[33] Idem.
[34] SCHEIN, E. *Guia da Sobrevivência da Cultura Corporativa*. Rio de Janeiro: José Olympio, 1999.

raó, ao construir uma pirâmide, defrontou-se com problemas fundamentalmente semelhantes aos enfrentados, nos dias de hoje, pelo executivo de uma empresa ou pelo reitor de uma universidade. Cada dirigente deve saber:

- ✓ o que, em essência, está tentando realizar;
- ✓ como organizar o trabalho para atingir os objetivos escolhidos;
- ✓ como recrutar, treinar, distribuir o trabalho e gerir os recursos humanos (funcionários e dirigentes) disponíveis para o trabalho;
- ✓ como criar condições de trabalho e sistemas de recompensas e punições capazes de fazer com que os funcionários e os dirigentes mantenham elevada eficiência e um moral suficiente para se manterem eficientes por longos períodos de tempo;
- ✓ como operar mudanças na organização em resposta a pressões que têm origem nas modificações tecnológicas e sociais ocorridas tanto no ambiente externo como dentro da própria organização;
- ✓ como manejar a competição e outras forças que derivam de outras organizações, de unidades situadas dentro da organização, como sindicatos, de entidades reguladoras e, por fim, de suas próprias dores de crescimento".

➢ 4. James Kouzes e Barry Posner[35]

Um melhor desempenho da liderança e de uma equipe produtiva traz algumas ferramentas essenciais:

- Estar convencidos de que o projeto de trabalho requer o uso de todas as habilidades e talentos disponíveis.
- Encarar o projeto de trabalho como agradável e desafiador.
- Procurar ou criar oportunidade para que os membros da equipe ultrapassem seus limites.
- Encontrar oportunidades que permitam às pessoas solucionarem problemas, realizarem descobertas, explorarem novos territórios, alcançarem metas difíceis ou aprenderem a lidar com ameaças externas.
- Fazer com que as responsabilidades do trabalho se tornem atraentes.
- Saber o que os outros membros da equipe podem fazer.
- Reconhecer o que os membros da equipe julgam desafiador.
- Fortalecendo o compromisso ao oferecer mais recompensas que punições.

---
[35] KOUZES, James, M. & POSNER, Barry Z. *O Desafio da Liderança*. RJ: Campus, 1997.

- Fortelecendo o senso de controle ao escolher tarefas desafiadoras, mas compatíveis com a capacidade da pessoa.
- Fortalecendo uma atitude de desafio ao encorajar as pessoas a encararem a mudança como plena de possibilidades.
- Proporcionar *feedback* durante o caminho.
- Agir como treinador.
- Tornar público o reconhecimento.

➤ 5. John Kotter[36]

Identificam-se oito etapas no processo de liderança da mudança:

- Um líder com um bom histórico profissional é indicado;
- O líder é aberto a novas ideias como se não pertencesse à organização;
- Cria um sentimento de crise;
- Cria e comunica uma nova visão e estratégias inéditas;
- Seu comportamento é coerente; age como modelo;
- Envolve outras pessoas nas principais tarefas que impulsionam a mudança;
- Essas outras pessoas usam milhares de oportunidades para influenciar o comportamento em toda a organização;
- Resultados tangíveis são gerados em dois anos, reforçando o ímpeto de perseverar sem o programa de mudança.

[...]

Para enfrentar novos desafios, os gestores precisam pensar além da posição e desenvolver habilidades genéricas e abrangentes que lhes permitam responder com flexibilidade às necessidades organizacionais. Assim, não é surpreendente que profissionais em todos os níveis da organização identifiquem oportunidades de desenvolvimento pessoal – cada vez mais importante que o obsoleto pacote de remuneração.

➤ 6. Judith Bardwick[37]

As pessoas são líderes à medida que criam seguidores. Definitivamente, liderança é um vínculo emocional, às vezes até um compromisso apaixo-

---
[36] KOTTER, *Liderar Mudança*. SP: Makron Books, 1997.
[37] HESSELBEIN, Frances et al. *Líder do Futuro*. RJ: Futura, 1996.

nado entre seguidores e o líder e suas metas. A liderança difere de outros relacionamentos pelo fato de que líderes geram esperança e convicção nos seguidores. Eles são pessoas que os outros percebem como capazes de proporcionar melhorias. No campo emocional, líderes criam seguidores porque geram:

- Confiança em pessoas amedrontadas;
- Certeza em pessoas hesitantes;
- Ação onde havia hesitação;
- Força onde havia fraqueza;
- Método onde havia confusão;
- Coragem onde havia covardia;
- Otimismo onde havia ceticismo;
- Convicção de que o futuro será melhor.

Decididamente, líderes guiam porque geram um compromisso apaixonado em outras pessoas para que sigam as estratégias e alcancem o sucesso. Por fim, a liderança não é intelectual ou cognitiva. Liderança é emocional.

➤ 7. Ken Blanchard[38]

Quando as pessoas falam sobre eficácia, estão basicamente falando de visão e direção. Eficácia tem a ver com a concentração de energia de uma organização em uma direção específica. Quando as pessoas falam sobre eficiência, estão falando de métodos e procedimentos – a maneira como as coisas são feitas.

[...]

O líder do futuro deve gerenciar a jornada para a eficácia e a eficiência a fim de criar uma organização definitiva que sabe para onde está indo e na qual todos estão comprometidos, organizados e dispostos a implementar uma visão obtida por consenso.

[...]

Para ajudar as pessoas a vencerem, o líder do futuro deve ser capaz de gerenciar a energia e mudar a condição física das pessoas. Definir a visão concentrará a atenção delas e mostrará a direção. Uma vez definida esta visão e estando as pessoas compromissadas com ela, o papel do líder é dedicar a atenção à fisiologia – como as pessoas estão agindo e se desempenhando na

---
[38]HESSELBEIN, Frances et al. *O Líder do Futuro*. SP: Futura, 1996.

organização – e alinhar o desempenho delas à visão. Aqui é onde o líder do futuro se sobressairá como "líder da torcida", defensor e incentivador em vez de como juiz, crítico ou avaliador. Ajudar as pessoas a alinharem o comportamento à visão da organização solidificará o alcance das metas e deslocará a energia na direção desejada. Isto resulta em uma organização definitiva, onde as pessoas não apenas sabem para onde estão sendo levadas, mas têm autonomia para chegar lá.

➢ 8. Peter Senge[39]

A ideia da "organização que aprende" é uma visão. Ela incorpora um tipo de ideal ao qual muitos aspiram. Embora muitas organizações estejam seriamente envolvidas no desenvolvimento dos tipos de capacidades de aprendizagem, nenhuma delas chegou lá. Não existem "organizações que aprendem" no sentido de dominar as respostas certas, somente algumas organizações são mais sérias e estão mais adiante que outras. De uma forma que pode parecer estranha, acredito que, em épocas de profunda mudança, olhar sobre nossos ombros para "como as organizações bem-sucedidas chegaram lá é uma boa forma de nos manter ancorados ao passado. Os aviões não foram inventados a partir do estudo das locomotivas".

[...]

As cinco disciplinas:

- **Domínio pessoal:** *é a disciplina de continuamente esclarecer e aprofundar nossa visão pessoal, de concentrar nossas energias, de desenvolver paciência e de ver a realidade objetivamente.*

- **Modelos mentais:** *são pressupostos profundamente arraigados, generalizações ou mesmo imagens que influenciam nossa forma de ver o mundo e de agir.*

- **Construção de uma visão compartilhada:** *capacidade de ter uma imagem compartilhada do futuro que buscamos criar.*

- **Aprendizagem em equipe:** *quando equipes realmente estão aprendendo, não só produzem resultados extraordinários, como também seus integrantes crescem com maior rapidez do que ocorreria de outra forma.*

- **Pensamento sistêmico:** *só poderemos entender o sistema contemplando o todo, não uma parte individual do padrão.*

[...]

---

[39]SENGE, Peter. *A Quinta Disciplina – Arte e Prática da Organização que Aprende.* SP: Best Seller, 2002.

Na visão de Senge (2002), os indivíduos diante de um objetivo a ser cumprido apresentam um provável conjunto de atitudes a serem observadas por suas lideranças, e, por conseguinte, serem trabalhadas produtivamente:

a) atitude de **engajamento**, cujo nível de adesão se enquadra no comprometimento criativo e contributivo;

b) atitude de **participação**, cujo nível de atuação prevê o envolvimento com suas tarefas, mas sem revelar comprometimento (obrigação) ou mesmo uma ação contributiva (faz, mas sem contribuir efetivamente para a melhoria do processo ou do resultado);

c) atitude de **obediência genuína**, em que o comprometimento, embora assumido, é fruto da submissão à ordem e ao comando e faz o que lhe ordenam (bem mandado);

d) atitude de **obediência formal**, em que, embora haja envolvimento, o compromisso, e não o comprometimento, é a tônica (deve ser feito) para que não haja uma maculação da imagem do indivíduo frente a sua liderança;

e) atitude de **obediência relutante** (ou hostil, como afirma Senge), caracterizada pelo pragmatismo, pois a não obediência pode resultar em perda do espaço (esta atitude, portanto, se revela influenciada pelo temor e não pela conscientização da obrigação);

f) atitude de **desobediência**, em que pontifica o não envolvimento, o não comprometimento, o descompromisso, a não ser, em casos excepcionais, onde houver forte razão ou interesses pessoais; no caso específico, a imagem mais forte é a de rebeldia;

g) atitude de **apatia**, em que não há movimento, há desinteresse, ou não conscientização do papel exercido e das possibilidades de resultado. Podem ser modificadas por forte pressão (constante) ou uma ação coercitiva (provavelmente geradora de motivação).

➤ 9. Rosabeth Moss Kanter[40]

A corporação pós-empreendedora representa um triunfo do processo sobre a estrutura. Ou seja, os relacionamentos, a comunicação e a flexibilidade de combinar recursos temporariamente são mais importantes do que os canais formais e os relacionamentos hierárquicos representados no organograma. Exis-

---

[40]CRAINER, Stuart. *Grandes Pensadores da Administração – As Ideias que Revolucionaram o Mundo dos Negócios.* RJ: Futura, 2000.

tem sete habilidades e sensibilidades essenciais para gerentes que querem se transformar em "atletas empresariais":

- Aprender a trabalhar sem apoiar-se na hierarquia.
- Saber como competir visando aumentar e não limitar a cooperação.
- Operar com padrões éticos elevados.
- Ter uma certa dose de humildade.
- Desenvolver o foco nos processos.
- Ser multifacetado e habilidoso.
- Obter satisfação por meio dos resultados.

Para enfrentar novos desafios, os gestores precisam pensar além da posição e desenvolver habilidades genéricas e abrangentes que lhes permitam responder com flexibilidade às necessidades organizacionais. Assim, não é surpreendente que profissionais em todos os níveis da organização identifiquem oportunidades de desenvolvimento pessoal – cada vez mais importante que o obsoleto pacote de remuneração.

➢ 10. Warren Bennis[41]

Ideias são a base das mudanças, da reinvenção e, também, do capital intelectual. Relações têm a ver com pessoas notáveis que trabalham em harmonia e com espírito aberto, num cenário em que todos se sentem prestigiados, em que todos os membros se sentem participantes e no centro das coisas, em que todos se sentem competentes e relevantes. Finalmente, a aventura. Aventura tem a ver com risco, com desejo de ação, com curiosidade e coragem. E o desafio da liderança é criar a arquitetura social na qual ideias, relações e aventura podem florescer.

[...]

Líderes são pessoas capazes de expressar-se plenamente. Com isto, refiro-me a pessoas que sabem quem são, quais são suas forças e fraquezas e sabem como empregar integralmente suas forças para compensar suas fraquezas. Também sabem o que querem, por que querem, e como comunicar o que querem aos outros, de modo a obter cooperação e apoio. Finalmente, sabem como atingir seus objetivos. A chave para uma autoexpressão plena é entender a si mesmo e ao mundo, e a chave para o entendimento é aprender as lições da própria vida e as experiências nela contidas.

[...]

---

[41]BENNIS, Warren. *A Formação do Líder.* SP: Atlas, 1996.

Todos concordam que um líder não nasce feito, mas precisa ser construído, e construído sozinho mais do que pelos outros. Em segundo lugar, concordam que o objetivo não é ser um líder, mas expressar-se com liberdade e plenitude. Isto é, líderes não têm interesse em provar que são bons, mas permanente interesse em expressar-se. A diferença é crucial, pois significa a diferença entre ser dirigido, como gente demais é atualmente, e liderar, o que pouquíssimos conseguem.

➤ Conclusão

Uma equipe é um grupo de indivíduos, cujos conhecimentos e experiências se complementam, têm um objetivo comum, ao qual estão compromissados, quando não comprometidos, conhecem seus objetivos e metas com significativa consistência, identificam os fatores através dos quais seus desempenhos são acompanhados e monitorados. Numa equipe, usando o raciocínio de Claus Moller[42], há objetivos a alcançar, no sentido da manter a unidade e, por consequência, trazer resultados de qualidade:

- a) **Produtividade:** o esforço individual para incrementar os resultados pessoais.
- b) **Relações internas e externas:** aprimoramento do relacionamento interpessoal produtivo.
- c) **Qualidade:** o crescimento da qualidade pessoal leva à qualidade nos produtos e serviços.
- d) **Energia:** mobilização das energias pessoais e nos processos de mudança gera contaminação positiva dos demais membros.
- e) **Trabalho em equipe:** sentido colegiado de ação, coalizões fortes e poderosas para atingir os objetivos.
- f) **Adaptabilidade:** a partir da flexibilidade como premissa, preparação para e não contra as mudanças.
- g) **Visão comum:** não olhar somente uns aos outros, mas sim na mesma direção.
- h) **Metas:** consistentes e coerentes, entre si e em relação às metas institucionais.
- i) **Organização de aprendizagem:** as organizações e pessoas que aprendem com seus próprios erros.
- j) **Ambiente:** abertura, respeito mútuo, bom humor e integridade.

---

[42] MOLLER, Claus. *Employeeship – como Maximizar o Desempenho Pessoal e Organizacional.* SP: Pioneira, 1996.

Um profissional que esteja ocupando uma função de coordenação e comando de projetos e equipes – seja um diretor de empresas, um gerente, um supervisor, um encarregado ou um líder sem atribuições formais – tem a seu dispor três componentes de vital importância para seu trabalho. Estes componentes são decorrentes de sua relação formal de trabalho:

a) o poder, que deve ser exercido com competência;

b) a autoridade, que deve ser usada com eficácia e delegada quando necessário;

c) a influência, que deve ser praticada com frequência, de forma a obter, da equipe, resultados eficazes.[43]

Compete aos líderes, portanto, uma conduta suficiente para levar sua equipe à obtenção dos resultados gerados pelas expectativas e demandas institucionais.

Uma organização produtiva exige de suas equipes internas um padrão de atitudes e comportamentos geradores de resultados, tais como pessoas que sejam capazes de estabelecer uma cultura de comunicação interpessoal permanente.

Em uma equipe, a importância de um de seus componentes não porque ela dispõe de uma posição hierárquica confortável, mas tão somente porque ela, por ser membro de uma equipe produtiva, torna-se capaz de intervir nos processos, gerando decisões e resultados.

Há alguns princípios que na essência devem ser considerados, pelos gestores e suas equipes, no seu desempenho formal, relacionado à instituição produtiva – organização à qual estejam associados:

- definição clara dos Princípios e Missão da Organização aos gerentes;
- sistema de Gerenciamento por resultados, com negociação de objetivos e metas;
- definição clarificada dos objetivos estratégicos;
- definição de limites de responsabilidade e autonomia gerencial;
- programas de desenvolvimento individual com base em modelos de análise comportamental;
- programa de Desenvolvimento Gerencial com base em modelo de negociação, como instrumento de ação gerencial;
- gestão dos Recursos Humanos sob responsabilidade dos gestores internos.

---

[43]HESSELBEIN, Frances et al. *Líder do Futuro*. RJ: Futura, 2002.

As equipes produtivas, nas suas relações produtivas, manifestaram um conjunto de necessidades, cabendo às lideranças desenvolver suas habilidades em atender, e em que nível de qualidade se propõem a atendê-las:

- atender as necessidades espontaneamente, com frequência;
- atender as necessidades quando percebem o interesse da equipe;
- atender as necessidades quando seu interesse ou vontade assim o exige;
- atender as necessidades quando a equipe cobra da liderança;
- atender as necessidades rara ou eventualmente, nas emergências ou situações de risco.

Essas necessidades, em contrapartida, são claras, e serão responsáveis, na essência, pelo potencial criativo e pela competência em gerar resultados da equipe:

- liderar o início das discussões sobre assuntos de relevância para a equipe;
- dar opiniões e fundamentar suas informações às questões formuladas pela equipe;
- dirigir, orientar ou apoiar a equipe no sentido de permitir que cheguem a conclusões efetivas;
- tirar a equipe da inércia, provocada por dúvidas, desinteresse ou impasse;
- incentivar a equipe, superando o desempenho nos erros, reforçando os acertos;
- entender os sentimentos manifestados pelas pessoas, explicitando os seus próprios sentimentos em relação à equipe;
- manutenção dos canais de comunicação e diálogo abertos, entre liderança e equipes.

As relações produtivas de trabalho, portanto, para que se caracterizem como eficazes na abertura às pessoas na equipe, no sentido de exercitarem sua competência e potencial criativo, indicam que as lideranças se proponham a pautar suas ações com base em:

- processos negociais internos;
- planejamento cuidadoso de suas ações;
- conhecimento dos produtos de seu trabalho e de sua equipe;
- discernir problemas, identificando-os e periodizando-os;
- tolerar ambiguidades, que devem ser percebidas como fruto da imprevisibilidade humana;

- assumir riscos compatíveis com as suas responsabilidades e as da equipe;
- isentar-se de preconceito;
- autoconhecer-se.

As organizações podem ajudar as pessoas a desenvolverem suas carreiras dando a elas um tipo de informação que as supra de avaliações aonde a organização está indo e que trabalhos potenciais existem como resultado disso.

As empresas precisam de uma força de trabalho que permaneça tempo suficiente para compreender o negócio, desenvolver relações apropriadas uns com os outros, e adquirir habilidades que permitam a eles atingirem *performances* num caminho que gere vantagem competitiva.

Relações laterais efetivas, poucos níveis hierárquicos (o mínimo), um forte senso de visão e comprometimento, tudo isso depende de uma força de trabalho de alta habilidade e estabilidade relativa.

De forma a implementar esta estratégia, as organizações devem constantemente avaliar as habilidades e o desempenho de seus membros, no que diz respeito aos núcleos de competência e capacidades organizacionais.

Este é o único caminho que uma organização pode identificar quem é válido e quem está com desempenho e desenvolvimento não apropriado.

Os que estão em queda podem ser aconselhados e ajudados a crescer. Se eles continuam a cair, entretanto, eles devem procurar espaços menos exigentes.

O trabalho em equipe exige uma atenção a todos os fenômenos que circulam em volta de si (gerenciamento da atenção), o cuidado com as trocas efetivas de mensagens entre seus componentes (gerenciamento do significado), o respeito e a confiabilidade mútuos, constantemente acionados (gerenciamento da confiança) e o preparo para o crescimento (autoaprendizado).

Tanto dos seus gestores como dos componentes da equipe.

Esta é a realidade competitiva.

Bibliografia

A Guide To The Project Management Body Of Knowledge (*PMBOK* 4ª edição), Project Management Institute – PMI, 2008.

Ackoff, Russell L., *The Art of Problem Solving*, John Wiley & Sons, 1987.

Bass, Bernard M., *When Planning for Others*, Journal of Applied Behavioral Science, 1970. 6: 151-171.

Chaves, Lúcio E., Silveira Neto, Fernando Henrique da, Pech, Gerson, Carneiro, Margareth F. S., *Gerenciamento das Comunicações em Projetos*, FGV Editora, 2010, 2ª edição.

Cleland, David I., Ireland, L., *Gerência de Projetos*, Rio de Janeiro, Reichmann & Affonso Editores, 2002.

Cleland, David I., King, William R., *Systems analysis and project management*, McGraw-Hill International, 1983.

Fayol, Henri, *Administration industrielle et générale*, Dunod, 1999, 2e édition.

Filley, Alan C., **Interpessoal Conflict Resolution**, Scott Foresman & Co., 1975.

Fisher, Roger, Ury, William L., *Getting to Yes: Negotiating Agreement Without Giving In*, Penguim Books, 1991.

Kerzner, Harold, Entrevista exclusiva, *Revista MundoPM*, número 3, Ano 1, 2005.

Kirchof, Nicki S., Adams, John R., *Conflict Management For Project Managers*, PMI, October 1982, p. 39.

Lorsch, Jay, W., Note on Organization Design, *Harvard Business Review*, Revision Jan 30, 1987.

Saint-Exupéry, Antoine de, *O Pequeno Príncipe*, Ediouro, 2005.

Steiner, George A., *Strategic Planning*, The Free Press, New York, 1979, pp. 111-113.

Thamhain, H. J., Wilemon, D. L., Criteria for controlling projects according to plan, *Project Management Journal*, 1986, 17 (2), 75-81.

Paul Campbell Dinsmore e Adriane Cavalieri

4ª Edição (Revista e Ampliada)

Número de páginas: 536

Formato: 17,5 × 24,5 cm

Gerenciamento de Projetos *(Project Management)* tem se tornado uma disciplina em constante expansão, tendo em vista a crescente competitividade entre as organizações e a constante busca por melhores resultados. Junto com a evolução do Gerenciamento de Projetos, o PMI® criou um programa de certificação dos profissionais da área – a Certificação PMP® *(Project Management Professional)* – que visa conceder um certificado internacional para aqueles profissionais de projetos que atendam a um conjunto de requisitos de formação e experiência, e que demonstrem suficientes conhecimentos técnicos, gerais e específicos.

Como se Tornar um Profissional em Gerenciamento de Projetos – 4ª edição (Revista e Ampliada) é o livro-base para a Certificação PMP®. Com supervisão de Paul Campbell Dinsmore, autoridade mundial no assunto, e Adriane Cavalieri, doutora em Engenharia de Produção, o livro foi elaborado com a participação de colaboradores convidados e da equipe técnica que trabalha diretamente com a Dinsmore Associates.

Público-Alvo: Um livro não só para os profissionais que desejam obter a Certificação PMP®, mas para todos aqueles que desejam ampliar seus horizontes e sua capacidade na área.

**Paul Campbell Dinsmore,
Adriane Cavalieri e
Alessandro Prudêncio
Lukosevicius**

Lançamento: 2010

Número de páginas: 432

Formato: 17,5 × 24,5 cm

Workbook PMP: Manual de Estudo para a Certificação foi desenvolvido para suprir as crescentes dificuldades apresentadas no exame PMP e também para complementar o conteúdo do livro-texto *Como se Tornar um Profissional em Gerenciamento de Projetos*, que discorre em detalhes sobre as teorias, os conceitos e os princípios que são abordados no exame. O Workbook teve como propósito inicial traduzir, não somente em termos de idioma, mas também em função de clareza e melhor compreensão.

Público-alvo: Aos que pretendem a condição de profissional PMP.

Cláudio Luiz Eckhard

Número de páginas: 386

Formato: 16 × 23 cm

Na *Gestão pela Margem* toda a ação empresarial gira em torno do composto produto e de sua capacidade de gerar resultados. Daí a importância do foco no produto, da institucionalização da inovação e das competências centrais da empresa. Cláudio Eckhard ajuda a entender as diversas abordagens da margem, explica o modelo de apuração CaSIS e analisa diferentes estratégias para a melhoria dos resultados. E além da linguagem simples e acurada, traz também exemplos práticos de aplicação dos conceitos apresentados no cotidiano corporativo.

Martius V. Rodriguez y Rodriguez

Número de páginas: 344

Formato: 16 × 23 cm

Esta obra traz uma experiência acumulada de mais de 15 anos, a partir da qual são apresentados os novos paradigmas à Sociedade do Conhecimento e sobre como as empresas reagem a estas mudanças e aos respectivos desafios que precisam enfrentar. O livro possui questões estratégicas a serem respondidas nos processos de mudança, assim como estudo de caso que exemplifica e torna a leitura fácil e agradável, a partir de correlações com o dia a dia de empresários e gestores de empresas. O objetivo deste livro é despertar nos leitores a importância de serem construídas Empresas Orientadas ao Aprendizado e ao Conhecimento, de modo que elas possam estar em permanente processo de aprendizagem, quebrando a cada momento suas próprias regras, a partir de uma permanente redescoberta de si mesmas.

Entre em sintonia com o mundo

QualityPhone:

0800-0263311

Ligação gratuita

Qualitymark Editora
Rua Teixeira Júnior, 441 – São Cristóvão
20921-405 – Rio de Janeiro – RJ
Tels.: (21) 3094-8400/3295-9800
Fax: (21) 3295-9824
www.qualitymark.com.br
e-mail: quality@qualitymark.com.br

Dados Técnicos:

• Formato:	17,5 x 24,5 cm
• Mancha:	14 x 21 cm
• Fonte:	Bitstream Vera Sans
• Corpo:	10
• Entrelinha:	13,5
• Total de Páginas:	224
• 2ª Edição	2011
• 1ª Reimpressão	2012
• Gráfica:	Paym